财务会计类专业精品课程规划教材

成本核算与管理职业能力训练

● 李辉 李赞 李利 主编

苏州大学出版社
Soochow University Press

图书在版编目(CIP)数据

成本核算与管理职业能力训练 / 李辉，李赞，李利主编. — 苏州：苏州大学出版社，2021.7（2025.7 重印）
五年制高等职业教育会计类专业精品课程系列教材
江苏联合职业技术学院院本教材　经学院教材审定委员会审定通过
ISBN 978-7-5672-3569-4

Ⅰ. ①成… Ⅱ. ①李… ②李… ③李… Ⅲ. ①成本计算－高等职业教育－教学参考资料②成本管理－高等职业教育－教学参考资料 Ⅳ. ①F231.2②F275.3

中国版本图书馆 CIP 数据核字（2021）第 145086 号

成本核算与管理职业能力训练
CHENGBEN HESUAN YU GUANLI ZHIYE NENGLI XUNLIAN
李　辉　李　赞　李　利　主编
责任编辑　薛华强

苏州大学出版社出版发行
（地址：苏州市十梓街1号　邮编：215006）
如皋市永盛印刷有限公司印装
（地址：如皋市益寿南路工业园区　邮编：226572）

开本 787 mm × 1 092 mm　1/16　印张 5　字数 112 千
2021 年 7 月第 1 版　2025 年 7 月第 8 次印刷
ISBN 978-7-5672-3569-4　定价：22.00 元

若有印装错误，本社负责调换
苏州大学出版社营销部　电话：0512-67481020
苏州大学出版社网址　http://www.sudapress.com
苏州大学出版社邮箱　sdcbs@suda.edu.cn

前言

本书是为适应五年制高等职业教育会计类专业课程改革和成本核算与管理精品课程建设,在会计专业人才培养方案和成本核算与管理课程标准的基础上,由江苏联合职业技术学院会计专业协作委员会开发编写的精品课程教材。本书在编写过程中,力求以案例为导向,坚持理实一体化的原则,以知识和能力训练两条教学主线的融合为切入点,以重构课程知识体系和能力训练体系为要求,全面立体呈现教材,达到以学生为主体,有所创新、有所特色,适应高职财经专业教学的开发目标。

《成本核算与管理职业能力训练》是《成本核算与管理》教材的配套用书,其内容与教材各项目内容紧密配合,目的是让学生通过系统训练,使教材讲授的基本知识、基本理论、基本方法得到巩固和深化,有效提高学生的动手能力。

成本核算与管理是一门实践性极强的专业核心课,学生的岗位意识与计算能力只有通过大量有计划的实践练习才能获得。本书的编选力求目的明确、形式多样、循序渐进、梯度分明,并能体现专业特点;题目具有真实性、富有启发性,以开拓学生的思维能力,使学生在练习过程中的学习内容对接岗位内容,通过学习过程体验工作过程,全面做到理实一体化。

本书由徐州财经分院李辉教授、李赞老师、李利副教授担任主编,制定编写大纲,设计教材体例,提出编写方案并统稿、总纂。"项目一 产品成本核算基本知识认知"由李辉编写,"项目二 品种法下成本的计算"由李赞编写,"项目三 分批法下成本的计算"由徐州财经分院万广伟编写,"项目四 分步法下成本的计算"由徐州财经分院胡佳睿编写,"项目五 变动成本法"由徐州财经分院任邦齐和如东分院刘杰编写,"项目六 作业成本法"由徐州财经分院王婕编写,"项目七 标准成本法"由徐州财经分院程晓鹤编写,"项目八 成本报表与成本管理分析报告"由徐州财经分院张依晨和无锡旅游商贸分院金其森编写。全书由徐州财经分院郑在柏教授主审。

本书是在江苏联合职业技术学院刘克勇院长的关心、支持和精心指导下立项编写的。徐州财经分院郑在柏老师为本书资料收集和整理做出了贡献。本教材付梓前在徐州财经分院经过一个学期的教学试用,很多老师提出了宝贵的修改意见。另外,在教材编写过程中,我们也参考了目前最新成本会计实务和管理会计实务教研成果与教材,在此一并表示衷心感谢。

  本书主要适用于五年制高等教育财经类专业，也可用于三年制高等职业教育、中等职业教育财经类专业，还可以作为会计从业人员的学习用书。由于时间仓促，编写水平有限，不足之处难免，望广大同仁不吝赐教，在此深表谢意。

编 者
2021 年 4 月

CONTENTS

目录

项目一　产品成本核算基本知识认知　001

项目二　品种法下成本的计算　007

项目三　分批法下成本的计算　027

项目四　分步法下成本的计算　036

项目五　变动成本法　046

项目六　作业成本法　053

项目七　标准成本法　062

项目八　成本报表与成本管理分析报告　069

项目一 产品成本核算基本知识认知

一、单选题

1. 下列各项属于单一产品生产企业的是(　　)。
   A. 发电厂　　　　B. 化肥厂　　　　C. 机械厂　　　　D. 面粉厂
2. 单一产品生产成本核算的最主要特征是(　　)。
   A. 生产加工过程单一　　　　　　　　B. 当期投产当期全部完工
   C. 不需要计算在产品生产成本　　　　D. 本期完工产品成本＝本期生产费用
3. 产品生产成本是生产产品过程中所耗费(　　)的总和。
   A. 劳动工具价格　　　　　　　　　　B. 劳动力价格
   C. 劳动对象价格　　　　　　　　　　D. 劳动要素价格
4. 从理论上说,下列关于产品成本的描述错误的是(　　)。
   A. 产品成本是一定时期内生产产品过程中发生的价值消耗
   B. 产品成本是为生产一定数量和种类的产品发生的价值消耗
   C. 产品成本既是生产耗费的发生反映,又是生产耗费的补偿尺度
   D. 产品成本包括尚未发生但是应当发生的价值耗费
5. 从产品成本现实意义上说,下列关于产品成本的描述正确的是(　　)。
   A. 产品成本是一定时期内生产产品过程中发生的价值消耗
   B. 废品损失不属于产品成本的内容
   C. 产品成本是指产品的制造成本
   D. 产品成本包括企业生产经营过程中的全部耗费
6. 根据产品成本开支范围的规定,下列各项属于产品成本的是(　　)。
   A. 企业管理部门职工薪酬　　　　　　B. 生产车间职工薪酬
   C. 企业福利部门职工薪酬　　　　　　D. 在建工程职工薪酬
7. 下列各项不属于费用要素内容的是(　　)。
   A. 外购材料　　　　B. 工资　　　　C. 税费　　　　D. 制造费用

8. 制造成本法运用的前提条件是(　　)。
　　A. 明确成本计算对象　　　　　　　　B. 明确产品的生产性质
　　C. 明确成本计量的基础条件　　　　　D. 明确成本管理制度
9. 企业(　　)是决定成本计算方法的基础。
　　A. 成本管理要求　　B. 生产类型　　C. 工艺技术　　D. 生产组织
10. 企业产品生产经营过程中发生的物化劳动耗费和活劳动耗费的内容按照其经济性质划分的类别叫作(　　)。
　　A. 生产费用　　　B. 生产成本　　　C. 成本项目　　　D. 费用要素
11. 产品成本是指企业为生产一定种类、一定数量的产品所发生的全部(　　)。
　　A. 生产经营费用　　B. 生产性支出　　C. 物化劳动耗费　　D. 活劳动耗费
12. 下列开支内容,属于产品成本的是(　　)。
　　A. 车间设备折旧费　　　　　　　　　B. 购置车间生产设备价款
　　C. 车间设备修理费　　　　　　　　　D. 支付车间设备报废清理费用
13. 下列各项属于产品成本项目的是(　　)。
　　A. 外购动力　　　B. 外购材料　　　C. 利息费用　　　D. 废品损失
14. 生产特点和管理要求对产品成本计算的影响主要表现在(　　)上。
　　A. 完工产品和月末在产品之间分配费用方法的确定
　　B. 成本计算对象的确定
　　C. 成本计算程序的确定
　　D. 成本计算期的确定
15. 成本核算中,正确划分各个月份的费用界限,必须贯彻(　　)。
　　A. 一贯性原则　　　　　　　　　　　B. 权责发生制原则
　　C. 可比性原则　　　　　　　　　　　D. 重要性原则
16. "基本生产成本"账户应当按照(　　)设置明细账户。
　　A. 成本项目　　　　　　　　　　　　B. 费用要素
　　C. 成本计算对象　　　　　　　　　　D. 产品加工步骤

二、多选题

1. 下列各项属于产品成本开支范围的有(　　)。
　　A. 为制造产品耗用的原材料　　　　　B. 为生产产品耗用的水费
　　C. 生产用固定资产的折旧费　　　　　D. 业务招待费
2. 下列各项属于产品成本开支范围的有(　　)。
　　A. 因生产原因发生的废品损失　　　　B. 修理期间的停工损失

C. 税收滞纳金 D. 车间工人工资

3. 下列各项不属于产品成本开支范围的有( )。
   A. 购买设备发生的支出 B. 罚款
   C. 因生产原因发生的修理期间的停工损失 D. 厂部管理人员工资

4. 下列各项中,属于产品费用要素的有( )。
   A. 折旧费 B. 直接材料 C. 外购动力 D. 制造费用

5. 下列各项中,属于产品费用要素的有( )。
   A. 外购材料 B. 职工工资 C. 房产税 D. 折旧费

6. 下列各项中,属于产品成本项目的有( )。
   A. 直接材料 B. 职工工资 C. 折旧费 D. 制造费用

7. 下列各项中,属于加工成本的有( )。
   A. 直接材料 B. 直接人工 C. 外购动力 D. 制造费用

8. 产品成本核算的基本程序主要包括( )。
   A. 确定成本计算对象
   B. 确定成本计算期
   C. 确定成本项目及成本计算所运用的账户体系
   D. 生产费用的归集、分配与产品成本的计算

9. 下列各项中,属于成本核算账户的有( )。
   A. 生产成本 B. 原材料 C. 直接人工 D. 制造费用

10. 产品成本核算的基本方法主要包括( )。
    A. 品种法 B. 分批法 C. 分步法 D. 交互分配法

11. 工业企业的生产类型从工艺技术过程来看,基本上可以分为( )。
    A. 连续式生产 B. 直接人工 C. 装配式生产 D. 直接材料

12. 产品成本特征主要反映在( )方面。
    A. 成本是经济资源的耗费 B. 成本是以货币计量的耗费
    C. 成本是特定对象的耗费 D. 成本是正常生产经营活动的耗费

13. 不形成产品价值却计入产品成本的有( )。
    A. 废品损失 B. 季节性停工损失
    C. 坏账损失 D. 投资损失

14. 工业企业的生产,按照工艺过程划分,可以分为( )几种类型。
    A. 大量生产 B. 成批生产
    C. 多步骤生产 D. 单步骤生产

15. 下列各项中,属于产品生产成本项目的有( )。
    A. 折旧费 B. 直接材料
    C. 外购动力 D. 制造费用

16. 下列项目中,构成产品成本的有( )。
    A. 生产车间机器设备的日常维修费用   B. 管理部门人员的工资薪酬
    C. 生产产品耗用的材料成本   D. 生产车间人员的工资薪酬

17. 下列各项中,属于产品成本制造费用项目核算内容的有( )。
    A. 生产产品耗用的材料成本   B. 车间固定资产计提的折旧
    C. 生产车间机器设备的日常维修费用   D. 生产车间耗用的材料

三、判断题

1. 成本是为实现一定目的而发生的耗费,是对象化的耗费。( )
2. 实际工作中核算的产品成本,就是理论成本。( )
3. 企业在生产经营活动中发生的一切费用支出都应计入产品成本。( )
4. 成本项目分类的目的是为了反映企业生产耗费的结构与水平。( )
5. 成本计算对象就是生产费用的承担者,应当主要依据企业生产类型不同确定不同的成本计算对象。( )
6. 产品成本计算期通常都是与产品生产周期一致,而与会计周期不一致。( )
7. 直接费用要直接计入相应的成本计算对象的成本计算单中,用以归集该成本计算对象的成本;间接费用要通过一个过渡性账户先行归集其发生额,再根据一定的分配标准采取适当的方法,在相关受益的成本计算对象之间进行分配,计入有关成本计算对象的成本中。( )
8. 生产费用是指企业一定时期内在生产产品和提供劳务过程中发生的各种耗费。生产费用概念中包括期间费用,因为成本会计的对象包括产品的生产成本和期间费用。( )
9. 生产费用和产品成本在经济内容上是完全一致的,一定时期的生产费用是计算产品成本的基础,产品成本是对象化了的成本费用。它们的区别在于:生产费用与一定会计期间相联系,产品成本与一定数量的产品相联系。( )
10. 基本生产车间发生的各种费用均应直接计入"基本生产成本"账户。( )
11. 要素费用中的外购材料与成本项目中的直接材料费用内涵是一致的。( )
12. 生产车间机器设备的日常维修费用,应该作为间接费用,计入产品成本。( )
13. 存货的加工成本包括由于自然灾害发生的直接材料、直接人工和制造费用损失。( )
14. 直接人工是指参加产品生产的一线工人工资以及按其工资总额和规定比例提取的社会保险费等职工薪酬。( )
15. 只有生产经营活动的正常耗费才能计入产品成本,非正常、意外的耗费不计入产品

成本,而是直接列入期间费用或损失。(   )

四、实训题

1. 资料： 徐州东方机械加工公司2020年11月承接了10辆HR型摩托车的生产。

(1) 当月发生直接材料领料3次,金额(元)分别为36 600、15 100、7 380。

(2) 4名生产工人连续加工该产品20天,产品当月全部完工。4名工人连续生产耗用工时(小时)分别为40、60、70、80,按工龄、技术等级确定的小时工资额(元)分别为40、60、30、50。

(3) 该公司当月制造费用发生额为18 000元。其中：机物料消耗1 280元、动力费用10 000元(银行支付)、管理人员薪酬4 200元、固定资产折旧费用1 450元、其他耗费1 070元。其他费用和薪酬费用以库存现金支付。

(4) 该公司本月发生管理费用48 000元(其中固定资产折旧15 000元)、销售费用18 000元(其中广告费用10 000元暂欠)、财务费用2 500元,除折旧费和暂欠款项外均以银行存款支付。

要求：

(1) 根据资料归集该公司发生的各项费用,编制有关会计分录。

(2) 登记产品成本计算单(表1-1),并结转完工产品成本。

表1-1 ＿＿＿＿＿＿＿＿成本计算单(简化形式)

项目	直接材料	直接人工	制造费用	合计
原材料				
职工薪酬				
制造费用				
总成本				
单位成本				

2. 资料：徐州信阳有限公司2020年2月份有关成本费用资料如下：
（1）生产耗用原材料60 000元。
（2）生产耗用燃料3 000元。
（3）生产耗用水电费1 000元。
（4）生产工人工资15 000元。
（5）生产车间管理人员工资5 000元。
（6）销售部门人员工资4 000元。
（7）企业管理人员工资9 000元。
（8）支付车间办公费1 000元。
（9）支付厂部办公室电话费800元。
（10）支付第三季度报纸杂志费600元。
（11）支付购买生产工人劳保用品费1 400元，当月一次性耗费。
（12）支付车间机器修理费300元。
（13）支付为购买车间设备借款应由本季度负担的利息30 000元。
（14）固定资产报废清理净损失10 000元。
该企业会计人员将上述费用分类列示如下：
生产成本 =（1）+（4）+（5）+（6）= 84 000（元）
生产费用 =（2）+（3）+（8）+（12）= 5 300（元）
期间费用 =（7）+（9）+（10）+（11）+（13）+（14）= 51 800（元）

要求：根据上述资料分析该企业会计人员对这些费用所做的分类是否正确，并说明理由；如果有错，请计算出正确结果。

项目二

品种法下成本的计算

一、单选题

1. 当库存商品生产完成并验收入库时,下列会计分录正确的是(   )。
   A. 借:库存商品
        贷:生产成本——基本生产成本
   B. 借:生产成本——基本生产成本
        贷:库存商品
   C. 借:主营业务成本
        贷:库存商品
   D. 借:库存商品
        贷:主营业务成本

2. 企业采用直接分配法分配辅助生产费用时,对于各辅助生产车间发生的费用的处理,正确的是(   )。
   A. 不需要分配,直接计入生产成本
   B. 直接分配给所有受益的车间、部门
   C. 直接分配给辅助生产车间以外的各受益单位
   D. 只在辅助生产车间之间进行分配

3. 下列各项中,适合采用计划成本分配法分配辅助生产费用的是(   )。
   A. 已经实现电算化的企业
   B. 辅助生产劳务计划单位成本比较准确的企业
   C. 各辅助生产车间之间相互受益程度有明显顺序的企业
   D. 辅助生产内部相互提供产品和劳务不多、不要求费用的交互分配、对辅助生产成本和企业产品成本影响不大的情况

4. 下列关于停工损失的表述不正确的是(   )。
   A. 应由过失单位或保险公司负担的赔款,应从停工损失中扣除

B. 属于自然灾害造成的停工净损失计入制造费用
C. 不满一个工作日的停工，一般不计算停工损失
D. 辅助生产一般不单独核算停工损失

5. 某企业本月生产完工甲产品200件，乙产品300件，月初月末均无在产品。该企业本月发生直接人工成本6万元，按定额工时比例在甲、乙产品之间进行分配，甲、乙产品的单位工时分别为7小时、2小时。不考虑其他因素，本月甲产品应分配的直接人工成本为（　　）万元。

　　A. 2.4　　　　　　B. 1.8　　　　　　C. 3.6　　　　　　D. 4.2

6. 如果企业定额管理基础好，各月末在产品数量变化不大，则该企业适宜采用的完工产品和在产品成本分配方法是（　　）。

　　A. 不计算在产品成本法　　　　　　B. 在产品按年初数固定成本计算法
　　C. 在产品按定额成本计价法　　　　D. 定额比例法

7. 某企业生产S产品，本月完工产品数量120个，在产品数量80个；完工产品与在产品材料消耗定额分别为200千克/个、100千克/个，工时定额分别为50小时/个、25小时/个。已知生产S产品共发生直接材料成本300 000元、直接人工成本200 000元、制造费用100 000元，下列计算错误的是（　　）。

　　A. 完工产品直接材料定额消耗为24 000千克
　　B. 在产品直接人工定额消耗为2 000小时
　　C. 完工产品应负担的制造费用为150 000元
　　D. S产品本月完工产品成本为450 000元

8. 某企业本月投产甲产品50件、乙产品100件，生产甲、乙两种产品共耗用材料4 500千克，每千克20元，每件甲、乙产品材料消耗定额分别为50千克、15千克，按材料定额消耗量比例分配材料费用，甲产品分配的材料费用为（　　）元。

　　A. 50 000　　　　B. 30 000　　　　C. 33 750　　　　D. 56 250

9. 某种产品生产需经过三个生产步骤，采用逐步结转分步法计算成本。本月第一生产步骤转入第二生产步骤的生产成本为2 865元，第二生产步骤转入第三生产步骤的生产成本为4 700元。本月第三生产步骤发生的成本为2 300元（不包括上一生产步骤转入的成本），第三步骤月初在产品成本为800元，月末在产品成本为600元。本月该种产品的产成品成本为（　　）元。

　　A. 6 500　　　　　B. 7 200　　　　　C. 6 800　　　　　D. 2 500

10. 某企业本月生产甲产品耗用机器工时120小时，生产乙产品耗用机器工时180小时。本月发生车间机器设备折旧费30 000元、车间管理人员工资30 000元、产品生产人员工资300 000元。该企业按机器工时比例分配制造费用。假设不考虑其他因素，本月甲产品应分配的制造费用为（　　）元。

　　A. 12 000　　　　B. 18 000　　　　C. 36 000　　　　D. 24 000

11. 某工业企业下设供水、供电两个辅助生产车间,采用交互分配法进行辅助生产费用的分配。2020年4月,供水车间交互分配前实际发生的生产费用为45 000元,应负担供电车间的电费为13 500元;供水总量为250 000吨(其中:供电车间耗用25 000吨,基本生产车间耗用175 000吨,行政管理部门耗用50 000吨)。供水车间2020年4月对辅助生产车间第一次交互分配水费的总成本为(   )元。

  A. 9 000   B. 585 000   C. 105 300   D. 45 000

12. 下列关于成本和费用的说法错误的是(   )。

  A. 费用着重于按会计期间进行归集

  B. 产品成本一般以生产过程中取得的各种原始凭证为计算依据

  C. 产品成本着重于按产品进行归集

  D. 产品成本一般以成本计算单或成本汇总表及产品入库单等为计算依据

13. 下列各项中,属于生产成本项目的是(   )。

  A. 财务费用   B. 燃料和动力   C. 管理费用   D. 税金

14. A、B两种产品共同消耗的燃料费用为8 000元,A、B两种产品的定额消耗量分别为150千克和250千克。按燃料定额消耗量比例分配计算的A产品应负担的燃料费用为(   )元。

  A. 2 000   B. 3 000   C. 4 000   D. 8 000

15. 某企业生产甲、乙两种产品,12月份共发生生产工人工资70 000元、福利费10 000元。上述人工费按生产工时比例在甲、乙产品间进行分配,其中甲产品的生产工时为1 200小时,乙产品的生产工时为800小时。该企业生产甲产品应分配的人工费为(   )元。

  A. 28 000   B. 32 000   C. 42 000   D. 48 000

16. 下列各项中,属于辅助生产费用分配方法的是(   )。

  A. 计划成本分配法   B. 在产品按定额成本计价法

  C. 在产品按所耗直接材料成本计价法   D. 在产品按固定成本计算法

17. 某厂本月从事辅助生产的发电车间待分配费用89 000元。本月发电车间为生产产品以及各车间管理部门和企业行政管理部门等供电362 000千瓦时,其中提供给供水车间6 000千瓦时、基本生产车间350 200千瓦时、车间管理部门3 900千瓦时、行政管理部门1 900千瓦时。采用直接分配法分配发电车间费用时,费用分配率应为(   )。

  A. 0.250   B. 0.246   C. 0.268   D. 0.188

18. 如果在分配辅助生产费用时,将辅助生产车间按计划单位成本分配的转出数与辅助生产车间实际发生的费用的差额全部计入了管理费用,这种费用的分配方法是(   )。

  A. 顺序分配法   B. 交互分配法

  C. 计划成本分配法   D. 代数分配法

19. 某工业企业在生产甲产品过程中发现不可修复废品一批,该批废品的成本构成为:直接材料3 200元,直接人工4 000元,制造费用2 000元。废品残料计价500元已回收入库,应收过失人赔偿款 1 000 元。假定不考虑其他因素,该批废品的净损失为( )元。

A. 7 700　　　　B. 8 700　　　　C. 9 200　　　　D. 10 700

20. 某工业企业因暴雨造成了停工,停工期间为恢复正常生产,领用原材料 5 000 元,发生人工费用 3 000 元,水电费 500 元,其中应由保险公司赔偿 2 000 元。下列处理正确的是( )。

　　A. 停工净损失 6 500 元,计入管理费用

　　B. 停工净损失 6 500 元,计入营业外支出

　　C. 停工净损失 8 500 元,计入营业外支出

　　D. 停工净损失 8 500 元,计入制造费用

21. 当企业产品成本中原材料费用所占比重较大,且原材料在生产开始时一次投入,月末在产品数量变化较大的情况下,该企业月末可采用的在完工产品和在产品之间分配费用的方法是( )。

　　A. 在产品按固定成本计价法　　　　B. 在产品按所耗直接材料成本计价法

　　C. 定额比例法　　　　　　　　　　D. 约当产量比例法

22. 某企业生产 A 产品需两个生产步骤,第一步骤定额工时为 20 小时,第二步骤定额工时为 30 小时,各步骤内在产品完工程度均为本步骤的 50%,原材料随生产过程陆续投入,采用约当产量法对月末在产品和完工产品的成本进行分配,则第二步骤在产品的完工程度为( )。

A. 40%　　　　B. 50%　　　　C. 60%　　　　D. 70%

23. 完工产品和在产品的划分方法中,使实际成本脱离定额的差异完全由完工产品负担的是( )。

　　A. 约当产量法

　　B. 定额比例法

　　C. 在产品成本按定额成本计价法

　　D. 在产品成本按其所耗用的原材料成本计价法

24. 某企业只生产和销售甲产品,6 月 1 日期初在产品成本为 0。6 月份发生如下费用:领用材料 6 万元,生产工人工资 2 万元,制造费用 1 万元,行政管理部门物料消耗 1.5 万元,专设销售机构固定资产折旧费 0.8 万元。月末在产品成本 3 万元。该企业 6 月份完工甲产品的生产成本为( )万元。

A. 9　　　　　B. 6　　　　　C. 8.3　　　　D. 11.8

25. 假定 A 公司 2020 年 5 月基本生产车间生产甲产品的机器工时为 30 000 小时,生产乙产品的机器工时为 40 000 小时,本月共发生制造费用 140 000 元,按照机器工时总数分配制造费用,则甲产品应分配的制造费用为( )元。

A. 60 000　　　B. 80 000　　　C. 100 000　　　D. 40 000

二、多选题

1. 关于成本核算对象的内容,下列表述正确的有(　　)。
   A. 成本核算对象是生产费用承担的客体
   B. 具体的成本核算对象应根据企业生产经营特点和管理要求加以确定
   C. 一般大量大批单步骤生产的企业,以每批或每件产品为成本核算对象
   D. 成本核算对象确定后,一般不应中途变更

2. 下列各项中,应计入产品成本的有(　　)。
   A. 预计产品质量保证损失
   B. 车间管理用具摊销
   C. 车间设备的日常维修费用
   D. 车间管理用设备计提的折旧费

3. 下列关于成本项目的说法正确的有(　　)。
   A. 企业本期发生的构成产品成本费用,包括直接人工、直接材料、制造费用,均为直接费用
   B. 生产车间经营租赁租入设备的租金最终会归集到生产成本中
   C. 行政管理部门固定资产折旧应计入当期生产成本
   D. 生产成本科目核算企业进行工业性生产发生的各项生产成本

4. 下列各项中,关于材料、燃料、动力的分配说法正确的有(　　)。
   A. 以生铁为原材料生产各种铁铸件,应以生产的铁铸件的重量比例为分配标准
   B. 燃料可以按照所耗用的原材料进行分配
   C. 动力可以按照产品的生产工时进行分配
   D. 分配标准的选择可依据材料消耗与产品的关系,对于与产品重量、体积有关的材料、燃料耗用量,按其重量或体积分配

5. 下列关于辅助生产费用分配方法的表述正确的有(　　)。
   A. 直接分配法适用于辅助生产内部相互提供产品和劳务不多、不进行费用的交互分配、对辅助生产费用和企业产品成本影响不大的情况
   B. 交互分配法下首先要对各辅助生产内部相互提供的劳务进行分配,以计算出应对外分配的辅助生产费用
   C. 顺序分配法的特点是按照辅助生产车间受益多少的顺序分配费用,受益少的先分配,受益多的后分配
   D. 代数分配法有关费用的分配结果最正确

6. 假定甲工厂设有机修和供电两个辅助生产车间。2020年5月份在分配辅助生产费用以前,机修车间发生费用2 400万元,按修理工时分配费用,提供修理工时500小时,其中,供电车间耗用20小时,基本生产第一车间耗用300小时,第二车间耗用120小时,行政管理部门耗用40小时,销售部门耗用20小时。供电车间发生费用4 800万元,按耗电数分

配费用,提供供电20万千瓦时,其中,机修车间耗用4万千瓦时。机修车间每修理工时耗费5万元,供电车间每千瓦时耗费0.023 6万元。采用计划成本分配法分配辅助生产费用。根据上述资料,下列表述正确的有(　　)。

  A. 待分配的机修车间的辅助生产费用为2 400万元

  B. 机修车间应负担的供电车间的费用是944万元

  C. 机修车间辅助生产实际成本是3 344万元

  D. 机修车间辅助生产实际成本与按计划成本分配金额之间的差额是2 500万元

7. 下列各项中,属于产品成本项目中制造费用的有(　　)。

  A. 生产车间生产工人薪酬　　　　B. 生产车间机器设备的折旧费

  C. 生产工人的劳动保护费　　　　D. 季节性和修理期间停工损失

8. 下列说法正确的有(　　)。

  A. 制造费用项目一经确定,不应任意变更

  B. 制造费用一般应先分配辅助生产的制造费用,然后再分配基本生产的制造费用

  C. 制造费用可以采用生产工人工时比例法等多种方法分配计入产品成本,企业可以自行确定分配方法,也可以随意变更

  D. 制造费用应当按车间分别进行分配,不应将各车间的制造费用汇总,在企业范围内统一分配

9. 影响废品净损失的因素有(　　)。

  A. 可修复废品发生的修复费用　　　B. 不可修复废品发生的成本费用

  C. 回收废品的残料的入账价值　　　D. 收回过失人的赔偿款

10. 不单独核算停工损失的企业,可将停工净损失直接反映在(　　)科目。

  A. "制造费用"　　　　　　　　　B. "营业外支出"

  C. "销售费用"　　　　　　　　　D. "其他应收款"

11. 如果企业月末在产品数量较多,各月末在产品数量变化也较大,产品成本中原材料费用和工资等其他费用所占比重相差不大,该企业各项消耗定额资料不健全,那么月末在完工产品和在产品之间分配生产费用时,不适宜采用的方法有(　　)。

  A. 定额比例法

  B. 约当产量比例法

  C. 在产品按固定成本计价法

  D. 在产品按所耗直接材料成本计价法

12. 某产品由三道工序加工而成,原材料在每道工序之初投入,各工序的材料消耗定额分别为20千克、30千克和50千克,用约当产量法分配原材料费用时,以下关于各工序在产品的完工程度计算正确的有(　　)。

  A. 第一道工序的完工程度为20%　　B. 第二道工序的完工程度为50%

  C. 第三道工序的完工程度为100%　　D. 第二道工序的完工程度为35%

13. 下列各项中,属于成本核算程序中设置的有关成本和费用明细账的有(   )。
    A. 生产成本明细账　　　　　　　　B. 制造费用明细账
    C. 产成品明细账　　　　　　　　　D. 自制半成品明细账

14. 企业内部管理有相关要求的,还可以按照现代企业多维度、多层次的管理要求,确定多元化的产品成本核算对象。其中,多层次是指根据企业成本管理需要,将成本管理划分为(   )等层次。
    A. 企业管理部门　　B. 工厂　　　　C. 车间　　　　D. 班组

15. 下列各项费用中,不应计入产品生产成本的有(   )。
    A. 销售费用　　　　B. 管理费用　　C. 财务费用　　D. 制造费用

16. 关于辅助生产成本的归集,下列说法正确的有(   )。
    A. 可直接通过"生产成本——辅助生产成本"科目进行归集
    B. 可先通过"制造费用"科目进行归集,然后转入"生产成本——辅助生产成本"科目,最后进行分配
    C. 辅助生产费用的归集应通过辅助生产成本总账及明细账进行
    D. 辅助生产费用的分配应通过辅助生产费用分配表进行

17. 下列关于计划成本分配法的表述正确的有(   )。
    A. 直接将辅助生产车间发生的费用分配给辅助生产车间以外的各个受益单位或产品
    B. 各受益单位耗用的产品成本或劳务成本,按产品或劳务的计划单位成本乘以耗用量进行计算
    C. 成本分配不够准确,适用于辅助生产劳务计划单位成本比较准确的企业
    D. 实际发生的费用(包括辅助生产内部交互分配转入的费用)与按计划单位成本分配转出的费用之间的差额简化处理计入管理费用

18. 制造费用指为生产产品和提供劳务所发生的各项间接费用,包括(   )。
    A. 生产车间管理人员的工资和福利费
    B. 生产车间固定资产折旧
    C. 生产车间的办公费
    D. 行政管理部门的水电费

19. 企业产品成本计算的基本方法包括(   )。
    A. 品种法　　　　　B. 分批法　　　C. 定额法　　　D. 分类法

20. 下列关于成本计算品种法的表述正确的有(   )。
    A. 以产品品种作为成本计算对象,归集和分配生产费用,计算产品成本
    B. 适用于多步骤生产,但管理上不要求分步计算成本的企业
    C. 适用于冶金、纺织、机械制造等企业
    D. 一般定期(每月月末)计算产品成本

三、判断题

1. 假设企业只生产一种产品,那么直接生产成本和间接生产成本都可以直接计入该种产品成本。(   )

2. 可修复废品返修以前发生的生产费用转出计入废品损失,加上返修发生的各种费用,扣除回收的残料价值和应收的赔款,转入生产成本的借方。(   )

3. 在产品盘存盈亏处理的核算,应在制造费用结账前进行。(   )

4. 采用约当产量比例法核算时,计算分配原材料费用与分配加工费用所用的分配率是一致的。(   )

5. 当期末在产品数量很少时,对生产成本在完工产品和在产品之间的分配,仍然要考虑期末在产品应负担的生产成本。(   )

6. 生产费用在完工产品和在产品之间的分配,是正确计算产品成本的前提,是区别各种成本计算方法的主要标志。(   )

7. 品种法下计算产品成本一般是不定期的,可以是月末,也可以是年末。(   )

8. 制造费用是本期发生的生产费用,一定会影响企业当期的损益。(   )

9. 产品成本是由费用构成的,因此企业发生的费用就是产品成本。(   )

10. 具体的成本核算对象是根据企业生产的特点加以确定的,不用考虑成本管理上的要求。(   )

11. 对工业企业而言,一般应设置直接材料、燃料及动力、直接人工、制造费用等成本项目。(   )

12. 采用直接分配法分配辅助生产费用时,应考虑各辅助生产车间相互提供产品或劳务的情况。(   )

13. 车间管理人员的工资和福利费不属于直接工资,因而不能计入产品成本,应计入管理费用。(   )

14. 不计算在产品成本法是指产品每月发生的成本,全部由完工产品负担,其每月发生的成本之和即为每月完工产品成本,这种方法适用于月末在产品数量很多的产品。(   )

15. 正在返修的废品、未经验收入库的产品以及等待返修的废品均属于在产品。(   )

16. 企业按照客户订单组织产品生产的情况下,应当采用品种法计算产品成本。(   )

17. 定额比例法适用于各项消耗定额或成本定额比较准确、稳定,而且各月末在产品数量变化不是很大的产品。(   )

四、业务题

资料：某集团下属的海魂公司 2020 年 8 月生产甲、乙两种产品，本月有关成本计算资料如下：

1. 月初在产品成本资料。甲、乙两种产品的月初在产品成本如表 2-1 所示。

表 2-1　甲、乙产品月初在产品成本

2020 年 8 月　　　　　　　　　　　　　　　　　　　　　　　　单位：元

摘要	直接材料	直接人工	制造费用	合计
甲产品月初在产品成本	164 000	32 470	3 675	200 145
乙产品月初在产品成本	123 740	16 400	3 350	143 490

2. 本月产量资料。甲产品本月完工 500 件，月末在产品 100 件，实际生产工时 100 000 小时；乙产品本月完工 200 件，月末在产品 40 件，实际生产工时 50 000 小时。甲、乙两种产品的原材料都在生产开始时一次投入，加工费用发生比较均衡，月末在产品完工程度均为 50%。

3. 本月发生生产费用如下：

（1）本月发出材料汇总表见表 2-2。

表 2-2　发出材料汇总表

2020 年 8 月　　　　　　　　　　　　　　　　　　　　　　　　单位：元

领料部门和用途	材料类别			合计
	原材料	包装物	低值易耗品	
基本生产车间耗用：				
甲产品耗用	800 000	10 000		810 000
乙产品耗用	600 000	4 000		604 000
甲、乙产品共同耗用	28 000			28 000
车间一般耗用	2 000		100	2 100
辅助生产车间耗用：				
供电车间耗用	1 000			1 000
机修车间耗用	1 200			1 200
厂部管理部门耗用	1 200		400	1 600
合计	1 433 400	14 000	500	1 447 900

（2）本月职工薪酬计算表（简化格式）见表2-3。

表2-3　职工薪酬汇总表

2020年8月　　　　　　　　　　　　　　　　　　　　　　　　　　　单位：元

人员类别	职工工资总额	其他职工薪酬	合计
基本生产车间：			
产品生产工人	420 000	58 800	478 800
车间管理人员	20 000	2 800	22 800
辅助生产车间：			
供电车间	8 000	1 120	9 120
机修车间	7 000	980	7 980
厂部管理人员	40 000	5 600	45 600
合计	495 000	69 300	564 300

（3）本月以现金支付的费用为2 500元。其中：基本生产车间负担的办公费250元，市内交通费65元；供电车间负担的市内交通费145元；机修车间负担的外部加工费480元；厂部管理部门负担的办公费1 360元，材料市内运输费200元。

（4）本月以银行存款支付的费用为14 700元。其中：基本生产车间负担的办公费1 000元，水费2 000元，差旅费1 400元，设计制图费2 600元；供电车间负担的水费500元，外部修理费1 800元；机修车间负担的办公费400元；厂部管理部门负担的办公费3 000元，水费1 200元，招待费200元，市话费600元。

（5）本月应计提固定资产折旧费22 000元。其中：基本生产车间折旧10 000元，供电车间折旧2 000元，机修车间折旧4 000元，厂部管理部门折旧6 000元。

（6）根据"预付账款"账户记录，本月应分摊财产保险费3 195元，其中供电车间负担800元，机修车间负担600元，基本生产车间负担1 195元，厂部管理部门负担600元。

（7）本月供电和机修车间提供的劳务量见表2-4。

表2-4　供电和机修车间提供的劳务量表

受益部门	供电车间/千瓦时	机修车间/时
供电车间		400
机修车间	3 000	
基本生产车间	33 000	3 000
产品生产	27 000	
一般耗费	6 000	3 000
厂部管理部门	10 000	1 100
合计	46 000	4 500

4. 企业成本会计制度。

（1）成本核算账户体系设置。按产品品种设置基本生产成本明细账（表2-10、表2-11）和产品成本计算单（表2-20、表2-21），按辅助生产车间设置辅助生产成本明细账（表2-12、表2-13），不单独设置辅助生产车间制造费用明细账，只设置基本生产车间制造费用明细账（表2-14），其他与成本计算无关的费用明细账（如管理费用明细账）等略。

（2）要素费用及跨期摊提费用的分配与归集。根据各项生产费用发生的原始凭证和其他有关资料，按费用用途归集，并按照规定要求编制各项要素费用分配表（表2-5至表2-9），分配各项要素费用。

① 分配材料费用。生产甲、乙两种产品共同耗用材料按甲、乙两种产品直接耗用原材料的比例分配。

② 分配职工薪酬。甲、乙两种产品应分配的工资及福利费按甲、乙两种产品的实际生产工时比例分配。

③ 月末计提固定资产折旧费并对跨期摊提费用进行分配。

④ 其他发生的通过库存现金和银行存款支付的各项费用，按用途据实核算，计入相关成本费用之中。

⑤ 辅助生产费用分配：

a. 供电和机修车间提供单一产品或服务，辅助生产车间发生的间接费用直接计入各车间辅助生产成本明细账。

b. 根据辅助生产成本明细账归集的待分配辅助生产费用和辅助生产车间本月劳务供应量，采用计划成本分配法分配辅助生产费用（辅助生产费用分配表见表2-15）。根据分配结果登记有关生产成本明细账或成本计算单、制造费用明细账和其他有关费用明细账。

每千瓦时电的计划成本为0.34元，每小时机修费的计划成本为3.50元；成本差异全部由管理费用负担。产品生产用电费用按生产甲、乙两种产品的生产工时比例分配（产品生产用电分配表见表2-16）。分配计入产品成本计算单中"直接材料"成本项目。

⑥ 基本生产车间制造费用在本车间所生产的产品之间按工时比例法进行分配（制造费用分配表见表2-17）。

⑦ 在完工产品与在产品之间分配生产费用。生产费用采用约当产量法在各种产品之间进行分配，确定完工产品总成本、单位成本和月末在产品成本。

要求：根据上述资料，按要求进行产品成本核算与计算，并编制有关费用分配表、会计分录，登记有关成本费用明细账。

（1）计算、编制各种费用分配表和有关会计分录。

（2）根据各种费用分配表及编制的会计分录，登记有关基本生产成本明细账、辅助生产成本明细账和制造费用明细账。

（3）将辅助生产成本明细账归集的费用采用计划成本法进行分配，编制辅助生产费用分配表并登记有关明细账。

（4）将基本生产车间制造费用明细账归集的制造费用在各种产品间进行分配，编制制造费用分配表并登记基本生产成本明细账。

（5）将基本生产成本明细账归集的生产费用合计，采用约当产量比例法在完工产品与在产品之间进行分配（月末在产品约当产量计算表见表2-18、表2-19），计算完工产品成本与在产品成本（表2-20、表2-21），编制产品成本计算单和完工产品成本汇总表（表2-22），结转完工产品成本。

表2-5　材料费用分配表

2020 年　月　　　　　　　　　　　　　　　单位：元

会计科目	明细科目	原材料			包装物	低值易耗品	合计
		直接耗用	共同耗用				
			分配率	分配额			
基本生产成本	甲产品						
	乙产品						
	小计						
辅助生产成本	供电车间						
	机修车间						
	小计						
制造费用	基本生产车间						
管理费用	修理费						
合计							

会计分录：

表 2-6　职工薪酬分配表

2020 年　月　　　　　　　　　　　　　　　　单位：元

分配对象		职工工资			其他职工薪酬		合计
会计科目	明细科目	分配标准	分配率	分配额	分配率	分配额	
基本生产成本	甲产品						
	乙产品						
	小计						
辅助生产成本	供电车间						
	机修车间						
	小计						
制造费用	基本生产车间						
管理费用	工资、福利费						
合　计							

会计分录：

表 2-7　折旧费用计算表

2020 年　月　　　　　　　　　　　　　　　　单位：元

会计科目	明细科目	费用项目	分配金额
制造费用			
辅助生产成本			
管理费用			
合计			

会计分录：

表 2-8　财产保险费分配表

2020 年　月　　　　　　　　　　　　　　　　　　　单位：元

会计科目	明细科目	费用项目	分配金额
制造费用			
辅助生产成本			
管理费用			
合计			

会计分录：

表 2-9　其他费用分配表

2020 年　月　　　　　　　　　　　　　　　　　　　单位：元

会计科目	明细科目	现金支付	银行存款支付	分配金额
制造费用	基本生产车间			
辅助生产成本	供电车间			
	机修车间			
管理费用				
合　计				

会计分录：

表 2-10 基本生产成本明细账（一）

产品名称：　　　　　　　　　　　　　　　　　　　　　　　　　　　　　　　　　单位：元

2020 年		凭证字号	摘要	直接材料	直接人工	制造费用	合计
月	日						
		略	月末在产品成本				
			材料费用分配表				
			职工薪酬分配表				
			生产用电分配表				
			制造费用分配表				
			本月生产费用合计				
			本月累计				
			结转完工入库产品成本				
			月末在产品成本				

表 2-11 基本生产成本明细账（二）

产品名称：　　　　　　　　　　　　　　　　　　　　　　　　　　　　　　　　　单位：元

2020 年		凭证字号	摘要	直接材料	直接人工	制造费用	合计
月	日						
		略	月末在产品成本				
			材料费用分配表				
			职工薪酬分配表				
			生产用电分配表				
			制造费用分配表				
			本月生产费用合计				
			本月累计				
			结转完工入库产品成本				
			月末在产品成本				

表 2-12 辅助生产成本明细账（一）

车间名称： 　　　　　　　　　　　　　　　　　　　　　　　　　　　　单位：元

2020 年		凭证字号	摘要	直接材料	直接人工	制造费用	合计
月	日						
		略	材料费用分配表				
			职工薪酬分配表				
			计提折旧费				
			分摊财产保险费				
			其他费用				
			本月合计				
			结转各受益部门				

表 2-13 辅助生产成本明细账（二）

车间名称： 　　　　　　　　　　　　　　　　　　　　　　　　　　　　单位：元

2020 年		凭证字号	摘要	直接材料	直接人工	制造费用	合计
月	日						
8	31	略	材料费用分配表				
	31		职工薪酬分配表				
	31		计提折旧费				
	31		分摊财产保险费				
	31		其他费用				
	31		本月合计				
	31		结转各受益部门				

表 2-14 制造费用明细账

车间名称： 　　　　　　　　　　　　　　　　　　　　　　　　　　　　单位：元

2020 年		凭证号	摘要	材料费	人工费	折旧费	修理费	水电费	保险费	其他	合计
月	日										
8	31	略	材料费用分配表								
	31		职工薪酬分配表								
	31		计提折旧费								
	31		分摊财产保险费								
	31		其他费用								
	31		本月合计								
	31		结转受益部门								

表 2-15　辅助生产费用分配表

2020 年　月

受益部门	供电(单位成本　　元)		机修(单位成本　　元)	
	用电/千瓦时	计划成本/元	机修工时/时	计划成本/元
供电车间				
机修车间				
基本生产车间:				
其中:产品生产				
一般耗费				
厂部管理部门				
合计				
实际成本				
成本差异				

表 2-16　产品生产用电分配表

2020 年　月

产品	生产工时/时	分配率	分配金额/元

会计分录:

表 2-17 制造费用分配表

车间名称： 2020 年 月

产品	生产工时/时	分配率	分配金额/元

会计分录：

表 2-18 在产品约当产量计算表（一）

产品名称： 2020 年 月 日

成本项目	在产品数量	投料程度（加工程度）	约当产量
直接材料			
直接人工			
制造费用			

表 2-19 在产品约当产量计算表（二）

产品名称： 2020 年 月 日

成本项目	在产品数量	投料程度（加工程度）	约当产量
直接材料			
直接人工			
制造费用			

表 2-20　产品成本计算单(一)

产品名称：　　　　　　　　　　　　　　产成品：　　件　　　在产品：　　件

摘要	直接材料	直接人工	制造费用	合计
月初在产品成本				
本月发生生产费用				
生产费用合计				
完工产品数量				
在产品约当量				
总约当产量				
分配率(单位成本)				
完工产品总成本				
月末在产品成本				

表 2-21　产品成本计算单(二)

产品名称：　　　　　　　　　　　　　　产成品：　　件　　　在产品：　　件

摘要	直接材料	直接人工	制造费用	合计
月初在产品成本				
本月发生生产费用				
生产费用合计				
完工产品数量				
在产品约当量				
总约当产量				
分配率(单位成本)				
完工产品总成本				
月末在产品成本				

表 2-22 完工产品成本汇总表

2020 年 月　　　　　　　　　　　　　　　　　　　　　单位:元

成本项目	甲产品(　　件)		乙产品(　　件)	
	总成本	单位成本	总成本	单位成本
直接材料				
直接人工				
制造费用				
合计				

会计分录:

项目三

分批法下成本的计算

一、单选题

1. 分批法一般是按照客户的订单要求来组织生产的,也称作(   )。
   A. 订单法　　　　B. 分类法　　　　C. 定额法　　　　D. 品种法

2. 分批法下成本计算对象是(   )。
   A. 产品品种　　　B. 产品定额　　　C. 产品批别　　　D. 产品类别

3. 下列各项不属于分批法成本计算特点的是(   )。
   A. 按照产品批别计算成本
   B. 按月计算产品成本
   C. 按产品批次或订单开设生产成本明细账
   D. 一般不需要在完工产品与月末在产品之间分配生产费用

4. 下列生产组织,适用于分批法计算产品成本的是(   )。
   A. 大量大批生产　　　　　　　　B. 大量小批生产
   C. 单件成批生产　　　　　　　　D. 小批单件生产

5. 产品种类需要经常变换的小规模制造企业,应采用(   )计算产品成本。
   A. 品种法　　　　　　　　　　　B. 分批法
   C. 逐步结转分步法　　　　　　　D. 平行结转分步法

6. 关于分批法,下列说法正确的是(   )。
   A. 按照产品类别计算产品成本
   B. 比较适用于重型机械、船舶、专用模具等生产行业
   C. 成本计算期与会计报告期一致
   D. 以上说法全部不正确

7. 某企业 5 月 1 日投产甲产品 5 件,乙产品 8 件;10 日投产丙产品 6 件;20 日投产甲产品 5 件,乙产品 2 件。假设该企业采用分批法计算产品成本,那么该企业 5 月份应开设(   )产品成本明细账。

A. 3本   B. 4本   C. 5本   D. 6本

8. 关于简化分批法,下列说法正确的是(　　)。
   A. 分批计算在产品成本
   B. 不分批计算在产品成本
   C. 不分批计算完工产品成本
   D. 不计算在产品成本

9. 必须设置基本生产成本二级账的成本计算方法是(　　)。
   A. 品种法
   B. 平行结转分步法
   C. 简化分批法
   D. 定额法

10. 累计间接费用分配率的计算来源是(　　)。
    A. 基本生产成本总账
    B. 基本生产成本二级账
    C. 基本生产成本明细账
    D. 基本生产成本总账和明细账

11. 采用简化分批法,当月产品未完工时,(　　)。
    A. 不登记任何费用
    B. 只登记直接计入费用(原材料费用)
    C. 只登记间接计入费用
    D. 只登记直接计入费用(原材料费用)和生产工时

12. 采用简化分批法,(　　)需要分配累计间接费用。
    A. 月末时   B. 季末时   C. 年末时   D. 产品完工时

二、多选题

1. 下列企业类型中,适用分批法的是(　　)。
   A. 采掘企业
   B. 精密仪器制造企业
   C. 发电企业
   D. 造船企业

2. 分批法的特点包括(　　)。
   A. 成本计算对象是产品的批别
   B. 成本计算期与产品生产周期一致
   C. 月末一般不需要将生产费用在完工产品与月末在产品之间进行分配
   D. 分批记录直接材料和耗用的生产工时

3. 分批法的适用范围包括(　　)。
   A. 单件小批单步骤生产企业
   B. 管理上不要求分步计算成本的单件小批多步骤生产
   C. 大批大量单步骤生产企业
   D. 大批大量的多步骤生产

4. 分批法下,如果同批号产品有跨月陆续完工的情况,且月末完工产品的数量占同批产品总数量的比重较小,则可以采用( )计算单位完工产品成本。

  A. 实际单位成本   B. 约当产量法

  C. 计划单位成本   D. 定额单位成本

5. 分批法下,间接计入费用的分配方法有( )。

  A. 当月分配法   B. 累计分配法

  C. 定额比例法   D. 计划成本分配法

6. 关于分批法,下列说法正确的是( )。

  A. 按照产品批别计算产品成本

  B. 比较适用于重型机械、船舶、专用模具等生产行业

  C. 成本计算期与生产周期一致,与会计报告期不一致

  D. 间接计入费用有当月分配和累计分配两种分配方法

7. 采用简化分批法,( )。

  A. 只对完工产品分配间接计入费用

  B. 在完工产品与在产品之间分配费用

  C. 不分批计算在产品成本

  D. 计算全部在产品总成本

8. 下列各项属于简化分批法下计算特点的是( )。

  A. 必须设置基本生产成本二级账

  B. 间接费用只有在完工产品月份才进行分配

  C. 完工产品负担的间接费用是通过累计间接费用分配率计算分配的

  D. 期末在产品不负担间接费用

9. 简化分批法适用条件包括( )。

  A. 月末未完工产品批次较多

  B. 月末未完工产品批次较少

  C. 各月份间接计入费用相差不多

  D. 各月份间接计入费用相差悬殊

10. 简化分批法下,批次内无完工产品时,对当月在产品,只需要登记( )。

  A. 材料费用   B. 人工费用   C. 制造费用   D. 生产工时

三、判断题

1. 分批法的成本计算对象是产品类别。( )

2. 分批法的成本计算期应与会计报告期一致。( )

3. 分批法应按照产品的批别设置生产成本明细账。( )

4. 精密仪器制造企业通常采用分批法计算产品成本。（　　）
5. 企业生产批次与成本计算对象的"批次"必须一致。（　　）
6. 只要产品批数多，就应采用简化分批法计算产品成本。（　　）
7. 分批法计算产品成本时，不存在在完工产品与月末在产品之间分配费用的情形。（　　）
8. 简化分批法下必须设置基本生产成本二级账。（　　）
9. 简化分批法无须分批计算在产品成本。（　　）
10. 小批单件生产企业，月末未完工产品批次较多且各月的间接计入费用较均衡，宜采用简化的分批法核算成本。（　　）
11. 某批次完工产品应负担的间接计入费用等于该批次完工产品累计工时乘以全部产品累计间接费用分配率。（　　）
12. 在简化分批法下，基本生产明细账只需登记直接费用和生产工时，无须登记间接计入费用。（　　）

四、案例分析题

1. 资料： 某企业属于小批生产组织，采用分批法核算成本，7月份生产701#甲产品、702#乙产品。有关成本核算资料如下。

（1）本月生产情况（表3-1）。

表3-1　生产情况表

摘要	投产日期	投产数量	本月完工
701#甲产品	6月	50件	50件
702#乙产品	7月	30件	10件

（2）月初701#甲产品成本情况（表3-2）。

表3-2　甲产品月初基本生产成本

单位：元

摘要	直接材料	直接人工	制造费用	合计
701#甲产品	850	590	532	1 972

（3）本月各项费用归集与分配情况：

701#甲产品耗用直接材料1 250元。701#甲产品、702#乙产品共同耗用直接人工1 500元，制造费用1 200元，假设直接人工和制造费用均采用当月生产工时比例法分配。7月份701#甲产品耗用320工时，702#乙产品耗用180工时。

要求：按照上述资料完成以下任务。

(1) 填制直接人工、制造费用当月分配表(表3-3、表3-4)。

表3-3 直接人工分配表

摘要	分配标准/小时	分配率/(元/小时)	应分配金额/元
701#(甲产品)			
702#(乙产品)			
合计			

表3-4 制造费用分配表

摘要	分配标准/小时	分配率/(元/小时)	应分配金额/元
701#(甲产品)			
702#(乙产品)			
合计			

(2) 计算并填制701#甲产品成本计算单(表3-5)。

表3-5 产品成本计算单

批号：　　　　　名称：　　　　　完工数量：　　　件　　　　　单位：元

摘要	直接材料	直接人工	制造费用	合计
月初费用				
本月费用				
生产费用合计				
完工产品成本				
完工产品单位成本				

2. 资料：某企业属于小批量生产组织，月末未完工产品批次较多，生产费用较均衡，采用简化分批法核算成本。5月份生产501#等数个批号的产品，有关资料如下：

(1) "基本生产成本"二级账中：生产费用本月累计数55 000元，其中材料费用23 500元，工资及福利费16 500元，制造费用15 000元，本月累计工时10 000小时。

(2) 本月完工产品情况：耗用材料费用合计为15 600元，其中501#产品材料费用为5 760元。累计工时6 500小时，其中501#产品完工工时为2 880小时。

(3) 501#产品本月投产10件，完工6件。该批产品原材料在生产开始时一次投入，本月累计材料费用9 600元，累计工时为4 880小时。

要求：按照上述资料完成以下任务。

(1) 计算并填制"基本生产成本二级账"(表3-6)。

表 3-6　基本生产成本二级账

单位：元

摘要	生产工时/小时	直接材料	直接人工	制造费用	合计
生产费用累计					
全部产品累计间接费用分配率					
本月完工产品转出					
月末在产品					

（2）计算并填制 501#产品成本计算单（表 3-7）。

表 3-7　产品成本计算单

产品批号：　　　批量：　　台　　　本月完工：　　台　　　单位：元

摘要	生产工时/小时	直接材料	直接人工	制造费用	合计
生产费用累计					
全部产品累计间接费用分配率					
完工 6 件转出					
完工产品单位成本					
在产品成本					

3. 资料：某企业属于小批量生产组织，生产甲、乙两种精密仪器，采用分批法计算成本。2020 年 8 月生产情况及生产费用如下：

（1）本月生产情况。

801 批次：甲产品 12 台，本月投产，本月完工 10 台。

802 批次：乙产品 10 台，本月投产，本月完工 3 台。

（2）本月生产费用（表 3-8）。

表 3-8　生产费用分配表

2020 年 8 月　　　　　　　　　　　　　　单位：元

批号	产品名称	成本项目			合计
		直接材料	直接人工	制造费用	
801	甲	6 360	4 675	2 794	13 829
802	乙	4 600	3 080	1 980	9 660

（3）完工产品与在产品之间的费用分配方法如下：

801 批次甲产品本月完工数量较大，在完工产品与在产品之间采用约当产量法分配费用。原材料在生产开始时一次投入，约当比 100%。其他费用的在产品完工程度为 50%。

802 批次乙产品本月完工数量较少，为简化核算，完工产品按计划成本结转。每台产品单位计划成本为780元,其中原材料350元,人工费用280元,制造费用150元。

要求: 按照上述资料完成以下任务(金额以元为单位)。

(1)登记801批次甲产品成本明细账,计算完工产品成本和月末在产品成本(表3-9)。

表3-9 基本生产成本明细账(一)

产品批号: 　　　　　　　　　　　　　　　　　　　　　　　　　　投产日期: 　月
产品名称: 　　　　批量: 　　　台　　　本月完工: 　　　台　　　完工日期:

2020年		摘要	成本项目			合计
月	日		直接材料	直接人工	制造费用	
		本月生产费用				
		完工产品成本(10台)				
		完工产品单位成本				
		月末在产品成本(2台)				

(2)登记802批次乙产品成本明细账,计算完工产品成本和月末在产品成本(表3-10)。

表3-10 基本生产成本明细账(二)

产品批号: 　　　　　　　　　　　　　　　　　　　　　　　　　　投产日期: 　月
产品名称: 　　　　批量: 　　　台　　　本月完工: 　　　台　　　完工日期:

2020年		摘要	成本项目			合计
月	日		直接材料	直接人工	制造费用	
		本月生产费用				
		计划单位成本				
		完工产品成本				
		月末在产品成本				

4. 资料: 某企业是一家生产YP系列变频电机的小规模制造厂,产品批数多,而且月末有许多批号未完工,每月生产费用发生额较均衡,因而采用简化的分批法计算产品成本。

(1)2020年9月,该企业各批次产品的投产及完工情况见表3-11。

表3-11 产品生产情况表

批号	产品名称	投产日期	投产数量	本月完工
1001	YP1	2020年8月	20台	20台
1002	YP2	2020年8月	15台	8台
1003	YP3	2020年8月	10台	0
1004	YP4	2020年9月	12台	0

(2) 各批次 9 月末累计生产费用和累计生产工时见表 3-12。

表 3-12 累计生产费用及工时情况表

单位：元

批号	产品名称	生产工时/小时	材料费用	人工费用	制造费用
1001	YP1	18 680	21 500		
1002	YP2	21 600	27 000		
1003	YP3	11 500	16 500		
1004	YP4	9 220	11 800		
	合计	61 000	76 800	48 800	30 500

(3) 所有产品原材料均在生产开始时一次性投入。9 月末，完工产品工时 35 180 小时，其中 1002#YP2 产品 16 500 小时。

要求：按照上述资料完成以下任务（金额以元为单位）。

(1) 计算并填制基本生产成本二级账（表 3-13）。

表 3-13 基本生产成本二级账

（各批别产品总成本） 单位：元

2020 年		摘要	生产工时/小时	成本项目			合计
月	日			直接材料	直接人工	制造费用	
		累计数					
		全部产品累计间接费用分配率					
		本月完工产品转出					
		月末在产品					

(2) 计算全部产品累计间接费用分配率。

全部产品累计直接人工费用分配率 =

全部产品累计制造费用分配率 =

(3) 计算并填制各批次产品成本明细账（表 3-14 至表 3-17）。

表 3-14 基本生产成本明细账（一）

产品批号：1001 投产日期：　　月
产品名称：YP1　批量：　　台　　本月完工：　　台　　完工日期：

2020 年		摘要	生产工时/小时	成本项目			合计
月	日			直接材料	直接人工	制造费用	
		累计数					
		全部产品累计间接费用分配率					
		本月完工产品转出					
		完工产品单位成本					

表 3-15　基本生产成本明细账（二）

产品批号：1002　　　　　　　　　　　　　　　　　　　　　　　　　　　投产日期：　　月
产品名称：YP2　　批量：　　台　　　本月完工：　　台　　完工日期：

2020 年		摘要	生产工时/小时	成本项目			合计
月	日			直接材料	直接人工	制造费用	
		累计数					
		全部产品累计间接费用分配率					
		本月完工产品转出					
		完工产品单位成本					
		期末在产品					

表 3-16　基本生产成本明细账（三）

产品批号：1003　　　　　　　　　　　　　　　　　　　　　　　　　　　投产日期：　　月
产品名称：YP3　　批量：　　台　　　本月完工：　　台　　完工日期：

2020 年		摘要	生产工时/小时	成本项目			合计
月	日			直接材料	直接人工	制造费用	
		累计数					

表 3-17　基本生产成本明细账（四）

产品批号：1004　　　　　　　　　　　　　　　　　　　　　　　　　　　投产日期：　　月
产品名称：YP4　　批量：　　台　　　本月完工：　　台　　完工日期：

2020 年		摘要	生产工时/小时	成本项目			合计
月	日			直接材料	直接人工	制造费用	
		累计数					

项目四

分步法下成本的计算

一、单选题

1. 分步法适用于( )。
   A. 大量成批生产　　　　　　　　B. 单件小批生产
   C. 单步骤生产　　　　　　　　　D. 大量大批多步骤生产

2. 甲企业从事大量大批多步骤产品的生产,并且管理上要求分步骤计算产品成本,应采用的成本计算方法是( )。
   A. 品种法　　　B. 分批法　　　C. 分步法　　　D. 分类法

3. 分步法下,若原材料分别在生产过程中的每一生产步骤开始时一次性投入,则每一步骤原材料费用应该按照( )比例在完工产品与月末在产品之间进行分配。
   A. 数量　　　B. 约当产量　　　C. 定额工时　　　D. 定额费用

4. 采用逐步结转分步法,按照半成品成本在下一步骤成本明细账中的反映方法,可以分为( )。
   A. 综合结转法和分项结转法　　　B. 平行结转法和综合结转法
   C. 实际成本结转法和计划成本结转法　　　D. 平行结转法和分项结转法

5. 下列各种产品成本计算方法,适用于大量大批多步骤生产,且需要计算半成品成本的是( )。
   A. 品种法　　　　　　　　B. 分批法
   C. 逐步结转分步法　　　　D. 平行结转分步法

6. 下列方法中,可以直接提供按原始成本项目反映的产品成本资料的分步法是( )。
   A. 逐步结转法　　　　B. 综合结转法
   C. 分项结转法　　　　D. 分批法

7. 下列成本计算方法中,需要进行成本还原的是( )。
   A. 分批法　　　　B. 综合结转法
   C. 分项结转法　　D. 平行结转法

8. 进行成本还原时,应以还原分配率乘以本月( )各个成本项目的费用。
   A. 所产半成品　　　　　　　　　　　B. 所产该种半成品
   C. 所耗半成品　　　　　　　　　　　D. 所耗该种半成品

9. 成本还原对象是( )。
   A. 各步骤半成品成本
   B. 产成品成本
   C. 最后步骤产成品成本
   D. 产成品成本中所耗上步骤半成品成本

10. 某产品生产由三个生产步骤组成,采用综合结转逐步结转分步法计算产品成本,需要进行成本还原的次数是( )次。
    A. 2　　　　　　B. 3　　　　　　C. 0　　　　　　D. 4

11. 某产品生产由三个生产步骤组成,采用分项结转逐步结转分步法计算产品成本,需要进行成本还原的次数是( )次。
    A. 2　　　　　　B. 3　　　　　　C. 0　　　　　　D. 4

12. 采用平行结转分步法( )。
    A. 不能全面反映各生产步骤的生产耗费水平
    B. 能全面反映各生产步骤的生产耗费水平
    C. 不能全面反映第一个生产步骤产品的生产耗费水平
    D. 能提供各个生产步骤的半成品成本资料

13. 采用平行结转分步法时,月末完工产品与在产品之间的费用分配是( )。
    A. 各生产步骤完工半成品与月末加工中在产品之间费用的分配
    B. 各步骤产成品与各步骤在产品之间的费用分配
    C. 产成品与各步骤尚未加工完成的在产品和各步骤虽已完工但尚未最终完成的产品之间的费用分配
    D. 产成品与月末加工中在产品之间的费用分配

14. 平行结转分步法的优点是( )。
    A. 能够提供各步骤的半成品成本资料
    B. 有利于加强半成品的实物管理
    C. 有利于各生产步骤的成本管理
    D. 各生产步骤可以同时计算产品成本

15. 某产品生产由三个生产步骤组成,采用平行结转分步法计算产品成本,需要进行成本还原的次数是( )次。
    A. 2　　　　　　B. 3　　　　　　C. 0　　　　　　D. 4

16. 平行结转分步法的适用情况是( )。
    A. 半成品对外销售

B. 半成品不对外销售

C. 管理上不要求提供各步骤半成品资料

D. 逐步结转半成品成本工作量较大

17. 采用平行结转分步法（　　）。

　　A. 能提供各步骤的半成品成本资料

　　B. 各生产步骤的成本计算可以同时进行，再平行汇总计入产成品成本，无须逐步结转半成品成本

　　C. 在产品的生产费用在成为产成品之前，随实物的转出而结转

　　D. 能满足各生产步骤成本管理的要求

18. 采用平行结转分步法在月末计算完工产品成本时应（　　）。

　　A. 按成本项目平行结转各生产步骤应计入产成品的份额

　　B. 逐步结转各生产步骤应计入产成品的份额

　　C. 分项结转各生产步骤应计入产成品的份额

　　D. 综合结转各生产步骤应计入产成品的份额

19. 下列方法中，属于不计算半成品成本的分步法是（　　）。

　　A. 逐步结转法　　　　　　　　　B. 综合结转法

　　C. 分项结转法　　　　　　　　　D. 平行结转法

20. 以下关于成本计算分步法的表述正确的有（　　）。

　　A. 平行结转分步法有利于各步骤在产品的实物管理和成本管理

　　B. 当企业经常对外销售半成品时，不宜采用平行结转分步法

　　C. 采用逐步分项结转分步法时，无须计算每步骤产品成本

　　D. 采用平行结转分步法时，无须将产品生产费用在完工产品和在产品之间进行分配

二、多选题

1. 下列企业中，产品核算适用分步法的有（　　）。

　　A. 采掘企业　　　B. 冶金企业　　　C. 纺织企业　　　D. 造船企业

2. 下列企业中，适合使用分步法计算产品成本的有（　　）。

　　A. 机械制造企业　　　　　　　　B. 精密仪器制造企业

　　C. 供水企业　　　　　　　　　　D. 纺织企业

3. 下列各项中，属于分步法特点的是（　　）。

　　A. 成本核算对象包括各种产品的生产步骤和产品品种

　　B. 需要将生产成本在完工产品与在产品之间进行分配

C. 成本计算期与会计报告期一致

　　D. 各生产步骤的半成品均需要进行成本的计算与结转

4. 在逐步综合结转法下,半成品成本的计价方式可采用( )。

　　A. 实际成本　　　　B. 计划成本　　　　C. 定额成本　　　　D. 平均成本

5. 逐步分项结转分步法的特点为( )。

　　A. 需要进行成本还原

　　B. 不需要进行成本还原

　　C. 能提供按原始成本项目反映的半成品成本资料

　　D. 有利于加强半成品实物和资金的有效管理

6. 下列不需要进行成本还原的分步法是( )。

　　A. 逐步综合结转分步法　　　　　　B. 逐步分项结转分步法

　　C. 平行结转分步法　　　　　　　　D. 成本计算分步法

7. 逐步结转分步法主要适用于计算的成本还原率( )。

　　A. 大于1　　　　　B. 小于1　　　　　C. 等于1　　　　　D. 等于0

8. 逐步结转分步法按照半成品在下一步骤生产成本明细账中反映方式不同可分为( )。

　　A. 综合结转法　　　　　　　　　　B. 分项结转法

　　C. 按实际成本结转法　　　　　　　D. 按计划成本结转法

9. 采用分项结转法结转半成品成本的缺点是( )。

　　A. 能够按原始成本项目反映产品成本

　　B. 半成品成本结转和登记工作量大

　　C. 有利于加强各生产步骤的成本管理

　　D. 不便于对完工产品成本进行综合分析

10. 采用分项结转法结转半成品成本的优点是( )。

　　A. 可以按照原始成本项目反映产品成本,便于从企业角度分析产品的成本构成情况

　　B. 不需要进行成本还原

　　C. 需要进行成本还原

　　D. 可以反映所耗上一步骤的半成品成本及本步骤加工费用

11. 平行结转分步法中在产品包括( )。

　　A. 各生产步骤期末未完工产品

　　B. 各生产步骤的完工产品

　　C. 前面生产步骤的完工产品

　　D. 最后生产步骤的完工产品

12. 下列关于平行结转分步法的说法正确的有( )。

　　A. 不计算每个步骤所产半成品成本

B. 不计算每个步骤所耗上一步骤的半成品成本

C. 能够简化和加速成本计算工作

D. 不能更好地满足成本管理的要求

13. 下列关于平行结转分步法的说法正确的有（   ）。

A. 不必逐步结转半成品成本

B. 各步骤可以同时计算产品成本

C. 能提供各个步骤半成品成本资料

D. 能直接提供按原始成本项目反映的产成品成本资料

14. 平行结转分步法的特点是（   ）。

A. 无须逐步结转半成品成本

B. 无须进行成本还原

C. 能提供各个步骤半成品成本资料

D. 无法为各个生产步骤在产品的实物管理和资金管理提供资料

15. 关于产品成本计算方法表述正确的有（   ）。

A. 平行结转分步法不计算各步骤所生产半成品成本

B. 逐步结转分步法需要计算各步骤完工产品成本和在产品成本

C. 品种法下，月末存在在产品的，应将生产费用在完工产品和在产品之间进行分配

D. 分批法下，批内产品同时完工的，月末不需要将生产费用在完工产品和在产品之间进行分配

三、判断题

1. 根据企业生产经营特点和管理要求，大量大批多步骤生产的产品一定要采用分步法计算产品成本。（   ）

2. 产品成本计算分步法均应逐步结转半成品成本，最后计算出完工产品成本。（   ）

3. 采用分步法时，不论是综合结转还是分项结转，第一个生产步骤的成本明细账的登记方法均相同。（   ）

4. 逐步结转分步法是一种可以计算半成品成本的分步法。（   ）

5. 逐步结转分步法下，每一步骤的生产成本要在最终完工产品与该步骤在产品和后续步骤在产品之间进行分配。（   ）

6. 分项结转分步法与综合结转分步法相比，能够在产品成本明细账中反映本月领用的半成品成本和本步骤发生的加工费用。（   ）

7. 逐步结转分步法最后必须进行成本还原。（   ）

8. 逐步结转分步法是一种不需要计算半成品成本的分步法。（   ）

9. 逐步结转分步法就是为了计算半成品成本而采用的一种分步法。（　　）

10. 采用逐步结转分步法，半成品成本的结转与半成品实物的转移是分离的，因而不利于半成品的实物管理和在产品的资金管理。（　　）

11. 不论是综合结转还是分项结转，半成品成本都是随着半成品实物的转移而结转。（　　）

12. 平行结转分步法必须计算各步骤的半成品成本。（　　）

13. 平行结转分步法的成本核算对象是各种产成品及其经过的各个生产步骤的"份额"。（　　）

14. 在采用平行结转分步法计算成本时，上一步骤的生产费用不计入下一步骤的成本计算单。（　　）

15. 平行结转分步法主要适用于多步骤连续式生产企业。（　　）

四、综合案例题

1. 资料：甲企业从2021年1月才开始生产A产品，经过两个车间连续加工完成。第一车间生产出的x半成品直接转入第二车间继续生产出A产成品。已知原材料在第一车间生产开始时一次性投入，2021年1月产品产量和生产费用资料见表4-1、表4-2，假定月初无在产品，每个车间月末在产品完工程度均为50%。

表4-1　产品产量资料

计量单位：件

项目	第一车间	第二车间
本月投产或转入	50	30
本月完工或转出	30	20
月末在产品数量	20	10
在产品完工程度	50%	50%

表4-2　生产费用资料

单位：元

项目	本月发生费用			
	直接材料	直接人工	制造费用	合计
第一车间	30 000	18 000	14 000	62 000
第二车间	—	6 500	2 000	8 500

要求：采用分项结转逐步结转分步法，计算A产品完工产品成本，登记有关产品成本计

算单(表4-3、表4-4),并编制相应会计分录。

表4-3　第一车间产品成本计算单

产品名称:　　　　　完工产量:　　件　　　　月末在产品:　　件
　　　　　　　　　　月末在产品完工程度:50%　　　　　　　　　单位:元

成本项目	直接材料	直接人工	制造费用	合计
月初在产品成本				
本月发生费用				
生产费用合计				
约当总产量				—
单位成本				
转出半成品成本(30件)				
月末在产品成本				

会计分录:

表4-4　第二车间产品成本计算单

产品名称:　　　　　完工产量:　　件　　　　月末在产品:　　件
　　　　　　　　　　月末在产品完工程度:50%　　　　　　　　　单位:元

成本项目	直接材料	直接人工	制造费用	合计
月初在产品成本				
本月发生费用(上步转入)				
本月发生费用				
生产费用合计				
约当总产量				—
单位成本				
转出A产成品成本(20件)				
月末在产品成本				

会计分录:

2. 资料：乙企业生产一种 B 产品，共有三个基本生产车间，分别是第一车间、第二车间和组装车间。已知 B 产品是由 y、z 两种零部件组成的，y 零部件由第一车间负责生产，z 零部件由第二车间负责生产，再由组装车间领用后组装成 B 产品。已知，采用平行结转分步法计算 B 产品成本，各车间的生产费用在完工产品与月末在产品之间的分配采用约当产量法，狭义在产品完工程度均为 50%；y、z 零部件投产时，原材料均为一次性投入。本月各车间产品产量、生产费用、半成品等相关资料如表 4-5、表 4-6、表 4-7、表 4-8 所示。（分配率保留 4 位小数，分配金额保留 2 位小数）

表 4-5　产品产量资料

计量单位：件

项目	第一车间	第二车间	组装车间装配 B 产品
	y 零部件	z 零部件	
月初在产品数量	80	160	60
本月投入生产数量	200	400	260
本月完工转出数量	240	480	270
月末在产品数量	40	80	50

表 4-6　生产费用资料

单位：元

项目	车间	直接材料	直接人工	制造费用	合计
月初在产品成本	第一车间	1 200	260	340	1 800
	第二车间	800	180	140	1 120
	组装车间	—	240	90	330
本月生产费用	第一车间	5 070	1 000	1 424	7 494
	第二车间	3 912	1 836	1 012	6 760
	组装车间	—	1 294	500	1 794

表 4-7　半成品（y 零部件）明细账

单位：元

摘要	收入	发出	结存
月初结存	—	—	40
本月收、发及余额	240	260	20

表 4-8　半成品(z 零部件)明细账

单位：元

摘要	收入	发出	结存
月初结存	—	—	80
本月收、发及余额	480	520	40

要求：

(1) 编制基本生产成本——(第一车间)y 零部件的明细账(表 4-9)。

表 4-9　基本生产成本明细账

车间名称：第一车间　　　　产品名称：y 零部件　　　　金额单位：元

摘要	直接材料	直接人工	制造费用	合计
月初在产品成本				
本月生产费用				
生产费用合计				
约当总产量				—
分配率				
应计入产成品成本的"份额"				
月末广义在产品成本				

(2) 编制基本生产成本——(第二车间)z 零部件的明细账(表 4-10)。

表 4-10　基本生产成本明细账

车间名称：第二车间　　　　产品名称：z 零部件　　　　金额单位：元

摘要	直接材料	直接人工	制造费用	合计
月初在产品成本				
本月生产费用				
生产费用合计				
约当总产量				—
分配率				
应计入产成品成本的"份额"				
月末在产品成本				

(3) 编制基本生产成本——(组装车间)B产品的明细账(表4-11)。

表 4-11 基本生产成本明细账

车间名称：组装车间　　　　　　产品名称：Z产品　　　　　　金额单位：元

摘要	直接材料	直接人工	制造费用	合计
月初在产品成本				
本月生产费用				
生产费用合计				
约当总产量				—
分配率				
应计入产成品成本的"份额"				
月末在产品成本				

(4) 根据表4-9、表4-10、表4-11编制产成品成本汇总表(表4-12)。

表 4-12 产成品成本汇总表

2020年　月　　　　　　　　　　　　　　　　　　金额单位：元

项目	直接材料	直接人工	制造费用	合计
第一车间计入产成品成本"份额"				
第二车间计入产成品成本"份额"				
组装车间计入产成品成本"份额"				
产成品总成本				
产成品单位成本				

(5) 编制B产品完工入库会计分录：

项目五

变动成本法

一、单选题

1. 当期初存货为零(或前后两期的产量相等)、本期产量大于本期销售量时,完全成本法计算的税前净利润和变动成本法计算的税前净利润比较,是( )。
   A. 前者大于后者　　　　　　　　B. 前者等于后者
   C. 前者小于后者　　　　　　　　D. 前者与后者无法比较

2. 当期初存货为零(或前后两期的产量相等)、本期产量等于本期销售量时,完全成本法计算的税前净利润和变动成本法计算的税前净利润比较,是( )。
   A. 前者大于后者　　　　　　　　B. 前者等于后者
   C. 前者小于后者　　　　　　　　D. 前者与后者无法比较

3. 当期初存货为零(或前后两期的产量相等)、本期产量小于本期销售量时,完全成本法计算的税前净利润和变动成本法计算的税前净利润比较,是( )。
   A. 前者大于后者　　　　　　　　B. 前者等于后者
   C. 前者小于后者　　　　　　　　D. 前者与后者无法比较

4. 某厂只生产一种产品,其固定成本总额为60 000元,全年产量上年为1 500件,本年为1 200件,全年销售量上年为1 300件,本年为1 230件,在此条件下本年按完全成本法计算的税前净利润和按变动成本法计算的税前净利润比较是( ),存货计价采用先进先出法。
   A. 前者比后者多500元　　　　　B. 前者比后者少500元
   C. 前者比后者多1 200元　　　　D. 前者比后者少1 200元

5. 某产品在产量为200件时,总成本为60 000元,产量为300件时,总成本为75 000元,则该产品的单位变动成本是( )元。
   A. 300　　　　B. 250　　　　C. 150　　　　D. 125

6. 完全成本法下成本分类的标准是( )。
   A. 成本习性　　B. 经济用途　　C. 可辨认性　　D. 可盘存性

7. 在固定成本总额、单价和单位变动成本各年相等的条件下,要使变动成本法计算的各年税前净利润相等则要求(   )。

    A. 各年的产量相等　　　　　　　　B. 各年的销售量相等

    C. 各年的产量等于销售量　　　　　D. 各年的期末存货相等

8. 在固定成本总额、单价、单位变动成本不变的条件下要使两种成本法计算的税前净利润相等的条件是(   )。

    A. 前后两期的产量和销量都相等

    B. 期末存货吸收的固定生产成本等于期初存货释放的固定生产成本

    C. 期末存货量大于期初存货量

    D. 期末存货量小于期初存货量

9. 某企业只生产一种产品,本月份生产并销售产品100件,单位产品售价1 000元,发生的变动成本为30 000元,变动管理费用和变动销售费用为2 080元,固定性制造费用10 000元,固定成本40 000元,则按变动成本计算,该企业实现的总利润为(   )元。

    A. 17 920　　　　B. 70 000　　　　C. 67 920　　　　D. 18 000

10. 成本会计将成本分为固定成本、变动成本和混合成本三大类,这种分类的标志是(   )。

    A. 成本的可辨认性　　　　　　　　B. 成本的可盘存性

    C. 成本的性态　　　　　　　　　　D. 经济用途

二、多选题

1. 对完全成本法和变动成本法进行比较,下列说法正确的有(   )。

    A. 完全成本法计算的税前净利润与变动成本法计算的税前净利润的差额等于完全成本法下期末存货吸收的固定制造费用与期初存货释放的固定制造费用之差

    B. 只要期末存货等于期初存货,任何条件下两法计算的税前净利润都相等

    C. 如果期初无存货,期末存货量大于零,则完全成本法计算的税前净利润大于变动成本法计算的税前净利润

    D. 两法共同的期间成本是非制造成本即销售费用和管理费用

    E. 两法共同的产品成本是变动生产成本即直接材料、直接人工、变动制造费用

    F. 两法的主要差别是完全成本法的产品成本要包括固定性制造费用,变动成本法不包括它,而是将它作为期间成本,全部列入损益表,从当期销售收入中扣减

2. 变动成本法中的变动成本是(   )。

    A. 包括制造和非制造两种变动成本

    B. 只包括直接材料和直接人工

C. 非制造单位变动成本等于非制造变动成本总额除以产量

D. 非制造单位变动成本等于非制造变动成本总额除以销售量

3. 变动成本法所提供的信息对强化企业管理有相当大的积极作用,如(   )。

A. 加强成本管理　　　　　　　　B. 促进以销定产

C. 调动企业增产积极性　　　　　D. 简化成本核算

E. 满足对外报告的需要

4. 完全成本法计入当期损益表的期间成本包括(   )。

A. 固定性制造费用　　　　　　　B. 变动性制造费用

C. 固定性销售和管理费用　　　　D. 变动性销售和管理费用

5. 下列各项中,能影响完全成本法与变动成本法分期营业净利润差额水平的有(   )。

A. 销售收入　　　　　　　　　　B. 非生产成本

C. 固定性制造费用　　　　　　　D. 期初与期末存货量

6. 完全成本法下,影响计入当期损益的固定制造费用数额的有(   )。

A. 当期发生的全部固定制造费用　B. 销售费用

C. 期初存货水平　　　　　　　　D. 期末存货水平

7. 下列项目中,不会导致完全成本法和变动成本法确定的分期损益不同的有(   )。

A. 管理费用　　B. 销售费用　　C. 财务费用

D. 固定性制造费用　E. 变动生产成本

8. 在相关范围内固定不变的有(   )。

A. 固定成本　　B. 单位产品固定成本

C. 变动成本　　D. 单位变动成本　　E. 历史成本

9. 变动成本法的优点可以体现在(   )。

A. 易于管理部门所理解和掌握

B. 能提供产品盈利能力的资料,有利于管理人员的分析

C. 便于分析部门的经济责任

D. 简化成本计算

E. 有利于编制对外财务报表

10. 使得完全成本法确定的净收益与变动成本法确定的净收益不相等的情况有(   )。

A. 产销平衡　　　　　　　　　　B. 产销不平衡

C. 本期生产量大于销售量　　　　D. 本期生产量小于销售量

三、判断题

1. 在相关范围内,不论各期产量是否相等,只要销售量相等,其按完全成本法计算的税前净利各期都相等。(　　)
2. 在确定企业的成本与利润时,完全成本法要考虑所有的成本,而变动成本法只考虑变动成本。(　　)
3. 完全成本计算法和变动成本计算法下存货成本中都包括固定成本、变动成本。(　　)
4. 变动成本法取代完全成本法不符合现行会计制度的统一要求。(　　)
5. 变动成本法与完全成本法之间的最本质区别是期间成本不同。(　　)
6. 变动成本法下,期间成本仅包括固定制造费用。(　　)
7. 变动成本法与完全成本法下计算的损益可能是一致的。(　　)
8. 采用变动成本法,产销量的高低与存货的增减对净利都没有影响。(　　)
9. 变动成本法最符合费用与收益相配合这一公认的会计原则。(　　)
10. 完全成本法揭示了利润与生产量的关系。(　　)

四、计算题

1. 资料: 某公司生产一种产品,第一年和第二年的生产量分别为3 000件和2 400件,销售量分别为2 000件和3 000件。该公司存货计价采用先进先出法,第一年没有期初存货。单位产品售价为15元,单位产品变动成本为5元,固定性制造费用为18 000元,销售费用和管理费用(全部固定)为2 500元。

要求:
(1) 分别采用变动成本法和完全成本法计算第一年和第二年的营业净利润。
(2) 说明第一年和第二年采用两种成本法下计算营业净利润产生差额的原因。

2. 资料：设某厂只生产和销售一种产品，这种产品的单位售价为 1.2 元，每个月正常的生产和销售量为 50 000 件，以月正常生产量为基础确定的产品单位成本为 1 元，其具体组成如表 5-1 所示。

表 5-1　成本组成

单位：元

	总成本	单位成本
变动成本	37 500	0.75
固定成本	12 500	0.25
合计	50 000	1.00

假定生产中没有发生成本差异，存货的计价采用先进先出法，1—3 月份各月的生产量和销售量如下：

1 月份：生产 50 000 件，销售 50 000 件。

2 月份：生产 55 000 件，销售 47 000 件。

3 月份：生产 44 000 件，销售 52 000 件。

要求：

（1）根据上述资料，分别采用变动成本法和完全成本法计算，具体确定 1—3 月各月的净收益。

（2）具体说明 1—3 月份各月分别采用两种成本法据以确定的净收益发生差异的原因。

（3）具体说明采用完全成本法计算所确定的 1 月份和 2 月份、2 月份和 3 月份的净收益发生差异的原因。

（4）具体说明采用变动成本法计算所确定的 1 月份和 2 月份、2 月份和 3 月份的净收益发生差异的原因。

五、案例分析题

1. 企业基本情况

（1）名称：徐州天意制造有限公司。

（2）性质：小型企业（增值税一般纳税人）。

（3）地址：徐州市泰山路20号。

（4）开户银行：中国银行徐州泰山路支行。

（5）企业属于制造业，生产智能手机屏幕、笔记本屏幕等。

（6）公司的规模适中，有一定的固定成本，采用变动成本法和完全成本法核算期间损益。

2. 相关标准成本资料

2020年度1、2、3三个月收入、成本及生产数据资料如表5-2所示（假定三个月中产品的价格和成本未变）。分别采用变动成本法和完全成本法计算1月、2月、3月的损益并进行损益差异分析（表5-3、表5-4）。

表5-2 成本及生产数据资料表

单位：元

项目	1月	2月	3月
期初存货	0	0	3 000
本期生产	12 000	12 000	12 000
本期销售	12 000	9 000	15 000
期末存货	0	3 000	0
销售单价	15	15	15
单位变动生产成本	10	10	10
变动性管理费用	1	1	1
固定性制造费用	12 000	12 000	12 000
固定销售和管理费用	16 000	16 000	16 000

表 5-3　变动成本法损益表

单位:元

项目	1月	2月	3月
销售收入(售价×销售量)			
减:变动成本			
其中:变动生产成本			
变动性销售和管理费用			
贡献毛益			
减:固定成本			
其中:固定性制造费用			
固定性销售和管理费用			
税前净利			

表 5-4　完全成本法损益表

单位:元

项目	1月	2月	3月
销售收入			
减:销售成本			
其中:期初存货成本			
加:本期生产成本			
减:期末存货成本			
销售毛利			
减:销售和管理费用			
其中:变动性销售和管理费用			
固定性销售和管理费用			
税前净利			

项目六

作业成本法

一、单选题

1. 下列作业中,使所有产品(或服务)都受益的作业是( )。
   A. 产量级作业　　　　　　　　　　B. 顾客级作业
   C. 品种级作业　　　　　　　　　　D. 设施级作业

2. 下列作业中,使某种产品的每个单位都受益的作业是( )。
   A. 批别级作业　　　　　　　　　　B. 品种级作业
   C. 顾客级作业　　　　　　　　　　D. 设施级作业

3. 下列作业中,属于批别级作业的是( )。
   A. 针对企业整体的广告活动　　　　B. 设备调试
   C. 产品加工　　　　　　　　　　　D. 新产品设计

4. 选择作业动因时,如果作业的执行比较特殊或复杂应选择( )。
   A. 交易动因　　　　　　　　　　　B. 持续时间动因
   C. 强度动因　　　　　　　　　　　D. 资源动因

5. 作业动因中属于用执行频率或次数计量的成本动因是( )。
   A. 交易动因　　　　　　　　　　　B. 持续时间动因
   C. 强度动因　　　　　　　　　　　D. 资源动因

6. 下列各项作业动因中,属于交易动因的是( )。
   A. 接受订单次数　　　　　　　　　B. 检查小时
   C. 产品安装时间　　　　　　　　　D. 特别复杂产品的安装

7. 下列关于作业成本的说法不正确的是( )。
   A. 作业成本法是成本计算与成本管理的有机结合
   B. 作业成本法以"作业消耗资源、产出消耗作业"为原则
   C. 作业动因是引起作业成本变动的驱动因素
   D. 一项作业可能指的是一类任务或活动

8. 下列关于成本动因的表述正确的是(　　)。
   A. 作业动因是沟通资源消耗与最终产出的中介
   B. 资源动因是引起产品成本变动的驱动因素
   C. 作业动因反映作业量与资源耗费之间的因果关系
   D. 资源动因反映产品产量与作业成本之间的因果关系

9. 甲企业采用作业成本法计算产品成本,每批产品生产前需要进行机器调试,并且每批产品进行机器调试所耗用的资源大致相同。在对调试作业中心进行成本分配时,最适合采用的作业动因是(　　)。
   A. 交易动因　　　　　　　　　B. 持续时间动因
   C. 强度动因　　　　　　　　　D. 资源动因

10. 下列关于成本动因的表述不正确的是(　　)。
    A. 成本动因可作为作业成本法中的成本分配的依据
    B. 成本动因可按作业活动耗费的资源进行度量
    C. 成本动因可分为资源动因和生产动因
    D. 成本动因可以导致成本的发生

二、多选题

1. 下列各项资源中,属于产量级资源的是(　　)。
   A. 原材料　　　　　　　　　　B. 零部件
   C. 机器调试的人工　　　　　　D. 土地使用权

2. 下列各项作业中,属于设施级作业的是(　　)。
   A. 管理作业　　　　　　　　　B. 产品工艺设计
   C. 针对企业整体的广告活动　　D. 设备调试

3. 下列各项作业中,属于批别级作业的是(　　)。
   A. 设备调试　　B. 生产准备　　C. 产品检验　　D. 新产品设计

4. 下列各项作业中,属于品种级作业的有(　　)。
   A. 产品组装　　　　　　　　　B. 产品检验
   C. 产品生产工艺改造　　　　　D. 产品推广方案制订

5. 下列各项中,属于交易动因的是(　　)。
   A. 接受或发出订单数　　　　　B. 产品安装时间
   C. 某种新产品的安装调试作业次数　　D. 处理收据数

6. 下列关于成本动因的表述正确的有(　　)。
   A. 成本动因是成本对象与其直接关联的作业和最终关联的资源之间的中介
   B. 作业动因是引起产品成本变动的驱动因素
   C. 成本动因可分为资源动因和生产动因
   D. 成本动因可以导致成本的发生
7. 下列关于作业成本法的说法正确的有(　　)。
   A. 作业成本法是以作业为基础计算和控制产品成本的方法
   B. 作业是产品和间接成本的纽带
   C. 作业成本法与传统的成本计算方法对于直接费用的确认和分配一样
   D. 作业成本法与传统的成本计算方法对于间接费用的分配不同
8. 下列关于作业成本法的表述不正确的有(　　)。
   A. 资源成本动因是引起产品成本增加的驱动因素，作业成本动因是引起作业成本增加的驱动因素
   B. 成本追溯，是指把成本直接分配给相关的成本对象
   C. 作业成本法的成本分配使用追溯和动因分配，不使用分摊
   D. 成本分配使用众多不同层面的成本动因
9. 下列关于作业成本法的说法正确的有(　　)。
   A. 作业成本法强调使用不同层面和数量众多的资源成本动因将作业成本追溯到产品
   B. 作业成本法是将间接成本和辅助费用更准确地分配到作业、生产过程、产品、服务及顾客中的一种成本计算方法
   C. 作业成本法的基本思想是"产品消耗作业，作业消耗资源"
   D. 作业成本法强调使用追溯和动因分配方式来分配成本
10. 下列有关"资源成本动因"的表述正确的有(　　)。
    A. 它是引起作业成本增加的驱动因素
    B. 它是引起产品成本增加的驱动因素
    C. 它被用来衡量一项作业的资源消耗量，运用它可以将资源成本分配给各有关作业
    D. 它是计量各成本对象耗用作业的情况，并被用来作为作业成本的分配基础

三、判断题

1. 作业成本的原则是"资源消耗作业，产出消耗资源"。(　　)
2. 为服务特定客户所需要的专门化设备属于顾客级资源。(　　)

3. 产量级作业是指为生产和销售某种产品(或服务)实施的、使该种产品(或服务)的每个单位都受益的作业。(　　)

4. 按成本动因在资源流动中所处的位置和作用,成本动因可分为资源动因和生产动因。(　　)

5. 在作业成本法下,成本动因是导致成本发生的诱因。(　　)

6. 作业动因是引起作业耗用的成本动因,反映了作业耗用与最终产出的因果关系,是将作业成本分配到流程、产品、分销渠道、客户等成本对象的依据。(　　)

7. 作业动因可以进一步分为交易动因、产量动因和强度动因三类。(　　)

8. 作业中心是若干个相互联系的能够实现某种特定功能的作业的集合,不是某一项具体的作业。(　　)

9. 企业一般应选择那些与资源费用总额呈正比例关系变动的资源动因作为资源费用分配的依据。(　　)

10. 作业成本归集,是指企业根据资源耗用与作业之间的因果关系,将所有的资源成本按资源动因分配至各作业中心,计算各作业总成本的过程。(　　)

四、案例题

1. 资料: 某企业生产甲乙两种产品,2020年3月起采用作业成本法计算产品成本。有关资料如下:

资料一:该企业对两种产品在生产过程中所执行的各项作业逐一进行分析和认定,列出了作业清单,并通过对作业清单中各项作业的分析,确定如下作业类型(表6-1)。

表6-1　作业类型及成本动因

作业成本中心	成本动因
模板制作	产品型号数
生产准备	产品投产后的批次数
机器加工	机器工时
产品检验	检验时间
车间管理	管理作业采用分摊方法,按照承受能力原则,以各种产品的预计产量乘以预计单价作为分配基础,分配各种作业成本

直接材料成本采用直接追溯方式计入产品成本。人工成本属于间接成本,全部分配到有关作业成本之中。

资料二:2020 年 3 月份各作业成本库的有关资料如表 6-2 所示。

表 6-2　作业成本资料

金额单位:元

项目		模板制作	生产准备	机器加工	产品检验	车间管理
本月作业成本发生额		200 000	400 000	640 000	150 000	259 200
作业动因	产品型号/型号数	10				
	生产准备次数/次		8			
	机器工时/小时			8 000		
	检验时间/小时				100	
	实际产量×单价					5 184 000
甲产品耗用作业动因		2	3	6 000	50	3 600 000
乙产品耗用作业动因		8	5	2 000	50	1 584 000

要求:分配甲、乙产品的作业成本,完成作业成本分配表。

表 6-3　作业成本分配表

金额单位:元

项目	模板制作	生产准备	机器加工	产品检验	车间管理	合计
本月作业成本发生额						
甲产品耗用作业量						—
乙产品耗用作业量						—
合计						—
分配率						—
甲产品分配作业成本						
乙产品分配作业成本						

2. **资料**:某公司生产甲、乙两种产品,公司按分批法计算产品成本,采用作业成本法进行间接成本分配。

(1) 2020 年 3 月 3 日,该公司接下某客户一个 500 台甲产品的订单、400 台乙产品的订单,其订单生产实际要求如表 6-4 所示。

表 6-4　甲、乙产品订单生产要求

产品	检查次数/次	设置次数/次	发票数/张	管理工时/小时
甲	200	2 000	50	10 000
乙	400	3 000	40	8 000

（2）2020年3月22日，为客户加工的产品全部完工，本月根据材料分配表，该批产品所耗费的直接材料的实际成本甲产品为125万元，乙产品为110万元。

（3）2020年3月22日，根据工薪分配表、固定资产折旧计算表、燃料和动力分配表、材料分配表及其他间接费用的原始凭证等归集的2020年3月的间接费用实际发生额如表6-5所示。

表6-5　间接费用发生额

作业成本中心	间接成本/元	成本动因
质量控制	60 000	检查次数
机器设置	500 000	设置次数
账款登记	1 800	发票数
车间管理	180 000	管理工时
合计	741 800	

要求：

（1）在作业成本法下，对500台甲产品和400台乙产品进行间接成本分配（表6-6）。

表6-6　间接成本分配表

金额单位：元

作业成本中心	间接成本	甲作业量	乙作业量	分配率	甲分配成本	乙分配成本
质量控制						
机器设置						
账款登记						
车间管理						
合计		—	—	—		

（2）在作业成本法下，计算500台甲产品和400台乙产品的总成本和单位成本。

3. 某企业3月生产A、B两种产品,该月有关资料如表6-7所示。

表6-7　A、B两种产品有关资料

项目	A产品	B产品
产量/件	500	600
直接人工工时/小时	4 000	9 000
单位工时直接人工成本/元	35	45
单位产品直接材料成本/元	65	70
间接费用总额/元	130 000	

该厂根据各项作业的成本动因性质划分了机器焊接、设备调整、发放材料和质量抽检四个作业,各作业动因及作业成本发生额等有关资料如表6-8所示。

表6-8　成本动因有关资料

作业名称	作业成本发生额/元	作业动因	作业量 A产品	作业量 B产品	作业量 合计
机器焊接	35 000	焊接工时/小时	200	500	700
设备调整	15 000	调整次数/次	100	200	300
发放材料	62 000	生产批次/批次	12	19	31
质量抽检	18 000	抽检次数/次	250	350	600
合计	130 000				

要求:

(1)按照作业成本法,分配A产品和B产品两种产品的间接费用(表6-9)。

表6-9　间接费用分配表

金额单位:元

作业名称	分配率	A产品 作业量	A产品 作业成本	B产品 作业量	B产品 作业成本	作业成本合计
机器焊接						
设备调整						
发放材料						
质量抽检						
合计	—	—		—		

（2）在作业成本法下，计算 A 产品与 B 产品的总成本和单位成本。

五、综合题

资料：某企业专门从事甲、乙两种产品的生产，有关这两种产品 2020 年 3 月的基本资料如表 6-10 所示。

表 6-10　甲、乙两种产品的基本资料

名称	产量/件	单位产品机器小时/小时	单位产品直接材料成本/元	单位产品直接人工成本/元
甲	2 000	5	6	14
乙	8 000	5	12	7

该企业 3 月份制造费用总额为 40 000 元，甲、乙两种产品复杂程度不一样，耗用的作业量也不一样。该企业与制造费用相关的作业有 5 个，为此设置了 5 个作业成本库，有关作业成本的资料如表 6-11 所示。

表 6-11　作业成本资料

作业名称	成本动因	作业成本/元	作业量		
			甲产品	乙产品	合计
设备维护	维护次数	12 000	7	3	10
订单处理	生产订单份数	8 000	60	40	100
机器调整准备	机器调整准备次数	7 200	25	15	40
机器运行	机器小时数	8 000	500	1 500	2 000
质量检验	检验次数	4 800	70	30	100
合计	—	40 000	—	—	—

要求：

（1）采用作业成本法计算两种产品分配的制造费用。

表 6-12　作业成本法分配制造费用

作业名称	作业成本/元	成本分配率	甲产品		乙产品	
			作业量	分配金额/元	作业量	分配金额/元
设备维护						
订单处理						
机器调整准备						
机器运行						
质量检验						
合计		—		—		

（2）采用传统成本计算法计算两种产品分配的制造费用（采用"机器小时数"作为制造费用分配依据）。

表 6-13　传统成本法分配制造费用

产品名称	产量/件	单位产品机器小时/小时	机器小时总数/小时	制造费用分配率	分配金额/元
甲					
乙					
合计		—		—	

（3）分别采用传统成本计算法和作业成本法计算上述两种产品的总成本和单位成本。

表 6-14　总成本和单位成本计算

金额单位：元

项目	总成本				单位成本			
	传统成本法		作业成本法		传统成本法		作业成本法	
	甲产品	乙产品	甲产品	乙产品	甲产品	乙产品	甲产品	乙产品
产量								
直接材料								
直接人工								
制造费用								
合计								

项目七

标准成本法

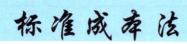

1. 变动制造费用效率差异的形成原因与( )的形成原因基本相同。
   A. 直接材料用量差异　　　　　　B. 直接材料价格差异
   C. 直接人工效率差异　　　　　　D. 变动制造费用耗费差异

2. 某公司生产单一产品,实行标准成本管理。每件产品的标准工时为 3 小时,变动制造费用的标准成本为 9 元,企业生产能力为每月 400 件。2 月份公司实际生产产品 350 件,发生变动制造费用 2 340 元,实际工时为 1 100 小时,则该公司 2 月份的变动制造费用效率差异为( )元。
   A. -30　　　　B. 150　　　　C. -150　　　　D. -300

3. 下列因素中,一般不会导致直接人工工资率差异的是( )。
   A. 工资制度的变动　　　　　　B. 工作环境的好坏
   C. 工资级别的升降　　　　　　D. 工人出勤率

4. 某公司月成本考核例会上,各部门经理正在讨论,认定直接材料价格差异的主要责任部门。根据你的判断,该责任部门应是( )。
   A. 采购部门　　　　　　　　　　B. 销售部门
   C. 劳动人事部门　　　　　　　　D. 管理部门

5. 某企业本月生产产品 1 200 件,实际使用工时 2 670 小时,支付工资 12 590 元,直接人工的标准工资率是 5 元/小时,标准工时是 2 400 小时,则直接人工效率差异是( )元。
   A. 1 617　　　　B. 240　　　　C. 1 350　　　　D. 267

6. 计算直接材料价格差异要以( )为基础。
   A. 标准用量　　　B. 实际用量　　　C. 标准成本　　　D. 实际成本

7. 本月生产甲产品 7 000 件,实际耗用 A 材料 30 000 千克,其实际价格为每千克 40 元。该产品 A 材料的用量标准为 3 千克,标准价格为 50 元,其直接材料用量差异为( )元。

A. 450 000　　　　　B. 300 000　　　　　C. 200 000　　　　　D. −160 000

8. 直接人工效率差异是指单位(　　)耗用量脱离单位标准人工工时耗用量所产生的差异。

　　A. 实际人工工时　　　　　　　　B. 定额人工工时
　　C. 预算人工工时　　　　　　　　D. 正常人工工时

9. 标准成本可以按成本项目分别反映,每个成本项目的标准成本可按下式(　　)计算得到。

　　A. 价格标准×实际用量　　　　　B. 实际价格×用量标准
　　C. 实际价格×实际用量　　　　　D. 价格标准×用量标准

10. 成本差异是指在标准成本控制系统下,企业在一定时期生产一定数量的产品所发生的实际成本与(　　)之间的差额。

　　A. 计划成本　　　B. 历史成本　　　C. 标准成本　　　D. 预算成本

二、多选题

1. 确定直接材料的标准成本的因素包括(　　)。

　　A. 用量标准　　　B. 标准工时　　　C. 价格标准　　　D. 以上都正确

2. 下列差异中,一般应由生产部门承担责任的是(　　)。

　　A. 直接材料用量差异　　　　　　B. 直接人工效率差异
　　C. 直接材料价格差异　　　　　　D. 工资率差异

3. 直接人工成本差异计算包括(　　)。

　　A. (实际工时 − 标准工时) × 实际工资率
　　B. (实际工时 − 标准工时) × 标准工资率
　　C. (实际工资率 − 标准工资率) × 实际工时
　　D. (实际工资率 − 标准工资率) × 标准工时

4. 可以套用"用量差异"和"价格差异"模式的成本项目是(　　)。

　　A. 直接材料　　　　　　　　　　B. 直接人工
　　C. 变动制造费用　　　　　　　　D. 固定制造费用

5. 在材料成本差异分析中,(　　)。

　　A. 价格差异的大小是由价格脱离标准的程度以及实际采购量高低所决定的
　　B. 数量差异的大小是由实际用量脱离标准的程度以及标准价格高低所决定的
　　C. 数量差异的大小是由实际用量脱离标准的程度以及实际价格高低所决定的
　　D. 价格差异的大小是由价格脱离标准的程度以及实际消耗量高低所决定的

6. 固定制造费用的"三差异"是指(　　)。
   A. 效率差异　　B. 耗费差异　　C. 产量差异　　D. 价格差异
7. 材料用量差异受(　　)因素影响。
   A. 原料质量　　　　　　　　B. 工人的技术素质水平
   C. 设备管理水平　　　　　　D. 产品设计结构
8. 造成直接材料成本差异的原因中,应由采购部门负责的有(　　)。
   A. 材料质量　　　　　　　　B. 材料价格
   C. 生产设备状况　　　　　　D. 供应商选择
9. 影响人工效率的因素是多方面的,包括(　　)。
   A. 生产工人的技术水平　　　B. 生产工艺过程
   C. 计划的安排　　　　　　　D. 设备的状况
10. 某企业只生产A产品,本月实际产量是500件,发生固定制造费用1 800元,实际工时900小时,企业生产能力为800件即2 400小时,每件产品固定制造费用标准成本为9元/件,则下列说法正确的有(　　)。
    A. 固定制造费用实际分配率为2元/小时
    B. 固定制造费用标准分配率为2元/小时
    C. 固定制造费用成本差异为300元
    D. 固定制造费用闲置能量差异为4 500元

三、判断题

1. 制造费用的用量标准,其含义与直接材料费用量标准相同。(　　)
2. 制定费用标准时,需要分别制定变动制造费用和固定制造费用的成本标准。(　　)
3. 固定制造费用能量差异指的是预算产量下的标准工时和实际产量下的实际工时的差额与固定制造费用标准分配率的乘积。(　　)
4. 在制定标准成本时,一般要考虑价格标准、效率标准和用量标准。(　　)
5. 如果出现不利差异,企业必须采取措施减少该不利差异。(　　)
6. 材料成本脱离标准的差异、人工成本脱离标准的差异、制造费用脱离标准的差异,都可以分为"量差"和"价差"两部分。(　　)
7. 制造费用用量标准和制造费用价格标准共同决定制造费用的标准成本。(　　)
8. 固定制造费用标准分配率=预算固定制造费用/实际工时。(　　)
9. 材料按计划成本核算的企业,材料的标准单价可以采用材料计划单价。(　　)
10. 工资率差异,是指实际工资率偏离标准工资率形成的差异,按实际工时计算确定。(　　)

四、案例分析

1. 资料：企业使用 A 材料生产甲产品，其直接材料和直接人工的标准成本资料如下。

（1）本月实际耗用材料 4 500 千克，材料实际成本 22 500 元。
（2）本月实际用工 6 400 小时，人工成本 33 600 元。
（3）本期购进的材料全部用于生产，共生产甲产品 2 200 件。
（4）单位标准成本资料如表 7-1 所示。

表 7-1　单位标准成本

成本项目	价格标准	数量标准	标准成本
直接材料	5 元/千克	2 千克	10 元
直接人工	5 元/小时	3 小时	15 元

要求：

（1）计算本月份的材料数量差异与材料价格差异，并判断差异性质。
（2）计算本月份的人工工资率差异与人工效率差异，并判断差异性质。

2. 资料：某企业生产 B 产品，实际产量 4 100 件，使用工时 8 000 小时，实际发生变动制造费用 5 200 元，单位产品标准工时为 2 小时/件，标准变动制造费用分配率为 0.8 元/小时。

要求：
(1) 计算 B 产品变动制造费用的总差异。
(2) 计算 B 产品的变动制造费用耗费（价格）差异和效率（数量）差异。

3. 资料：某企业甲产品单位工时标准为 3 小时/件，标准固定制造费用分配率为 8 元/小时。本月预算产量为 10 000 件，实际产量为 12 000 件，实际工时为 21 500 小时，固定制造费用为 245 000 元。

要求：计算下列指标。
(1) 单位产品的固定制造费用标准成本。
(2) 两差异分析法下的固定制造费用耗费差异和能量差异。
(3) 三差异分析法下固定制造费用的耗费差异、产量差异和效率差异。

4. 资料：某企业采用标准成本法，A 产品的预算产量为 1 000 件，单位产品标准成本如表 7-2 所示。

表 7-2 单位产品标准成本

直接材料	0.1（千克/件）×150（元/千克）	15 元/件
直接人工	5（小时/件）×4（元/小时）	20 元/件
制造费用		
其中：变动制造费用	6 000 元/1 000 件	6 元/件
固定制造费用	5 000 元/1 000 件	5 元/件
单位产品标准成本		46 元/件

本月生产 A 产品 800 件，实际单位成本如表 7-3 所示。

表 7-3 实际单位成本

直接材料	0.11（千克/件）×140（元/千克）	15.4 元/件
直接人工	5.5（小时/件）×3.9（元/小时）	21.45 元/件
制造费用		
其中：变动制造费用	5 元/件	5 元/件
固定制造费用	5 000 元/800 件	6.25 元/件
单位产品标准成本		48.1 元/件

要求：计算各项成本差异（其中固定制造费用成本差异按照两差异法分析）。

5. 资料： 某公司生产的甲产品的月设计生产能力为总工时 2 500 时，月计划生产 500 件。其标准成本资料如表 7-4 所示。

表 7-4　甲产品标准成本

成本项目	数量标准	价格标准	成本标准
直接材料	8 千克/件	4 元/千克	32 元/件
直接人工	5 工时/件	6 元/工时	30 元/件
变动制造费用	5 工时/件	5 元/工时	25 元/件
固定制造费用	5 工时/件	3.2 元/工时	16 元/件

甲产品本月实际产量为 510 件，其实际成本如表 7-5 所示。

表 7-5　甲产品实际成本

成本项目	耗用数量	实际价格	实际成本
直接材料	4 400 千克	3.8 元/千克	16 720 元
直接人工	2 400 工时	6.1 元/工时	14 640 元
变动制造费用	2 400 工时	5.1 元/工时	12 240 元
固定制造费用	2 400 工时	3.5 元/工时	8 400 元

要求： 计算甲产品各成本差异，完成表 7-6。

表 7-6　甲产品成本差异

项目	金额	项目	金额
原材料用量差异	1 280 元（超支）	变动制造费用效率差异	−750 元（节约）
原材料价格差异	−880 元（节约）	变动制造费用耗费差异	240 元（超支）
原材料成本总差异	400 元（超支）	变动制造费用总差异	−510 元（节约）
人工效率差异	−900 元（节约）	固定制造费用耗费差异	400 元（超支）
工资率差异	240 元（超支）	固定制造费用能量差异	−160 元（节约）
工资总差异	−660 元（节约）	固定制造费用总差异	240 元（超支）

项目八

成本报表与成本管理分析报告

一、单选题

1. 下列各项中,不属于成本报表的是(　　)。
   A. 全部产品生产成本表　　　　　　B. 主要产品单位成本表
   C. 制造费用明细对比表　　　　　　D. 利润表

2. 下列各项中,属于成本报表的是(　　)。
   A. 资产负债表　　　　　　　　　　B. 现金流量表
   C. 利润表　　　　　　　　　　　　D. 甲产品单位成本表

3. 成本报表属于(　　)。
   A. 对外报表　　　　　　　　　　　B. 对内报表
   C. 既是对外报表又是对内报表　　　D. 既不是对外报表也不是对内报表

4. 成本报表的编制时间(　　)。
   A. 只能定期编制　　　　　　　　　B. 只能不定期编制
   C. 定期或不定期由企业决定　　　　D. 以上都不对

5. 关于成本报表的特点,以下表述不正确的是(　　)。
   A. 成本报表在内容上更具有针对性
   B. 成本报表提供的信息单一
   C. 成本报表在报送时间、编制格式和种类上更具有灵活性
   D. 成本报表在提供成本信息方面更具有全面性

6. 关于成本报表的特点,以下表述正确的是(　　)。
   A. 成本报表在提供成本信息方面更具有全面性
   B. 成本报表内容宽泛
   C. 成本报表的报送时间固定
   D. 成本报表的编制格式不能按照企业需要进行调整

7. 下列各项中,不属于成本报表编制要求的一项为( )。
   A. 数字可靠　　　　　　　　　　B. 内容完备
   C. 编报及时　　　　　　　　　　D. 编制内容唯一

8. 下列各项中,属于成本报表编制首要要求的一项为( )。
   A. 数字可靠　　　　　　　　　　B. 内容完备
   C. 编报及时　　　　　　　　　　D. 编制种类灵活

9. 成本报表的主要使用者是( )。
   A. 外部投资者　　　　　　　　　B. 税务机关
   C. 企业管理人员　　　　　　　　D. 银行等金融机构

10. 下列各项中,不属于成本报表编制目的的一项为( )。
    A. 服务企业管理人员
    B. 便于分析和考核成本预算的完成情况
    C. 有利于外部投资者使用
    D. 加强对成本的管理和控制

11. 2021年1月份制造费用的实际金额为10 000元,预算金额为8 000元,则制造费用的完成率为( )。
    A. 20%　　　　B. 80%　　　　C. 125%　　　　D. 25%

二、多选题

1. 编制成本报表的主要依据有( )。
   A. 相关法律法规　　　　　　　　B. 成本账簿资料
   C. 成本费用预算资料　　　　　　D. 财务报表

2. 关于成本报表的编制要求,以下说法正确的有( )。
   A. 基础数据来源可靠　　　　　　B. 尽可能做到数据统计口径一致
   C. 表内各指标要填写完整　　　　D. 必要时应附有相应文字说明

3. 下列各项中,属于成本报表的有( )。
   A. 全部产品生产成本表　　　　　B. 主要产品单位成本表
   C. 制造费用明细对比表　　　　　D. 资产负债表

4. 下列各项中,不属于成本报表的有( )。
   A. 所有者权益变动表　　　　　　B. 乙产品单位成本表
   C. 人工成本明细对比表　　　　　D. 利润表

5. 成本报表与对外报表相比较,具有( )的特点。
   A. 在内容上更具有针对性

B. 在报送时间、编制格式和种类上更具有灵活性

C. 在报送时间、编制格式和种类上更加固定

D. 在提供财务信息方面更具有全面性

6. 成本管理分析的内容主要有（　　）。

　　A. 事前成本分析　　　　　　　　B. 事中成本分析

　　C. 事后成本分析　　　　　　　　D. 以上都不对

7. 以下（　　）不是成本报表编制的主要目的。

　　A. 有助于外部投资者分析企业经营情况

　　B. 有助于银行考量是否向企业贷款

　　C. 有助于企业管理人员考核预算的完成情况

　　D. 有助于企业管理人员分析成本构成情况

8. 关于成本报表的编制要求，以下表述正确的是（　　）。

　　A. 成本报表是不定期编制的，因此不必及时编报

　　B. 成本报表内的指标不用计算准确

　　C. 成本报表的项目要完备

　　D. 成本报表的相关补充资料要全面列示

9. 成本管理分析的方法主要有（　　）。

　　A. 比较分析法　　　　　　　　　B. 比率分析法

　　C. 连环替代法　　　　　　　　　D. 差额计算法

10. 2020年2月份的直接材料实际金额为100 000元，预算金额为105 000元，直接人工的实际金额为70 000元，预算金额为71 000元，则直接材料和直接人工的完成率分别为（　　）。

　　A. 95.24%　　　　B. 105%　　　　C. 98.59%　　　　D. 101.43%

三、判断题

1. 产品生产成本表反映的是企业在报告期内所生产全部产品的总成本，可用于考核和分析企业本年全部生产成本、年度预算完成情况，也可用于与上年度的对比。（　　）

2. 主要产品单位成本表作为产品成本表的补充，反映企业在报告期内所生产的各种主要产品单位成本的构成情况及历史情况，应当分产品进行编制。（　　）

3. 只能对成本进行事中和事后分析。（　　）

4. 材料耗用成本分析属于事前分析。（　　）

5. 事后成本分析是指根据成本费用预算、标准成本或定额成本，对正在执行的情况进行分析，防止出现偏离目标成本费用的现象。（　　）

6. 对比分析法可根据比较对象不同,分为与历史标准比较、与行业标准比较和与预算标准比较。（　　）

7. 相关比率分析法是将两个相关但又不相同的数据进行对比,计算比率,以体现指标之间的相对水平,分析有关因素之间的对应情况。（　　）

8. 比率分析法分为相关比率分析法、趋势比率分析法和结构比率分析法。（　　）

9. 成本报表不需要根据相关法律法规编制,只需满足企业经营管理需要即可。（　　）

10. 成本报表仅在企业内部使用,所以不用做到补充资料要全面列示并附有相应文字说明。（　　）

四、案例分析题

1. 企业基本情况

（1）名称:徐州味佳食品有限责任公司。

（2）性质:中小型非上市有限责任公司(增值税一般纳税人)。

（3）地址:徐州市财富路 15 号。

（4）开户银行:中国银行徐州东区支行。

（5）企业属于制造业,主要从事豆浆粉生产和销售。主要耗用的原材料为大豆和麦芽糖;本月投产产品均按照生产耗用数量领用原材料。存货按实际成本法核算,原材料发出计价和库存商品发出计价均采用月末一次加权平均法。每袋豆浆粉 500 克。

2. 相关成本资料（表 8-1、表 8-2、表 8-3）

表 8-1　2020 年第一季度直接材料消耗量

项目	预算			实际		
	1 月	2 月	3 月	1 月	2 月	3 月
大豆总消耗量/吨	200	250	300	210	255	310
麦芽糖总消耗量/吨	20	25	30	21	25.5	31
产量/吨	213	267	320	224	272	331
大豆平均价格/(元/吨)	5 750	5 750	5 750	5 700	5 730	5 750
麦芽糖平均价格/(元/吨)	15 100	15 100	15 100	15 000	15 100	15 080

表8-2 2020年第一季度直接人工

单位：元

项目	预算			实际		
	1月	2月	3月	1月	2月	3月
职工工资	105 000	120 000	128 000	100 000	110 000	120 000
保险费	34 650	39 600	42 240	33 000	36 300	39 600
住房公积金	10 500	12 000	12 800	10 000	11 000	12 000
培训费	3 000	0	0	2 700	0	0
合计	153 150	171 600	183 040	145 700	157 300	171 600

表8-3 2020年第一季度制造费用

单位：元

项目	预算			实际		
	1月	2月	3月	1月	2月	3月
职工工资	18 000	20 000	22 000	19 000	19 000	21 000
保险费	5 940	6 600	7 260	6 270	6 270	6 930
住房公积金	1 800	2 000	2 200	1 900	1 900	2 100
折旧费	40 000	40 000	40 000	40 000	40 000	40 000
燃料及动力	50 000	53 000	55 000	49 000	52 500	64 000
机物料消耗	10 000	11 000	12 000	9 500	10 000	11 000
合计	125 740	132 600	138 460	125 670	129 670	145 030

要求：请根据相关资料完成以下成本报表（表8-4至表8-7）的编制，并撰写成本管理分析报告。

表8-4 第一季度豆浆粉生产成本表

单位：元

项目	1月			2月			3月		
	预算	实际	完成率	预算	实际	完成率	预算	实际	完成率
直接材料									
大豆									
麦芽糖									
直接人工									
制造费用									
本期生产成本合计									

表8-5 第一季度豆浆粉单位成本表

项目	1月				2月				3月			
	预计产量/袋	预算单位成本/元	实际产量/袋	实际单位成本/元	预计产量/袋	预算单位成本/元	实际产量/袋	实际单位成本/元	预计产量/袋	预算单位成本/元	实际产量/袋	实际单位成本/元
直接材料												
大豆												
麦芽糖												
直接人工												
制造费用												
单位产品生产成本合计												

表8-6 人工成本明细对比表

单位：元

项目	1月			2月			3月		
	预算	实际	完成率	预算	实际	完成率	预算	实际	完成率
职工工资									
保险费									
住房公积金									
培训费									
合计									

表8-7 制造费用明细对比表

单位：元

项目	1月			2月			3月		
	预算	实际	完成率	预算	实际	完成率	预算	实际	完成率
职工工资									
保险费									
住房公积金									
折旧费									
燃料及动力									
机物料消耗									
合计									